论语：复礼归仁

王蒙／著

U0952566

贵州出版集团
贵州人民出版社

图书在版编目（CIP）数据

论语：复礼归仁 / 王蒙著. -- 贵阳：贵州人民出版社, 2022.8
（发现与灵感：与经典互动）
ISBN 978-7-221-16644-9

Ⅰ. ①论… Ⅱ. ①王… Ⅲ. ①儒家②《论语》－研究
Ⅳ. ①B222.25

中国版本图书馆CIP数据核字(2021)第140693号

论语：复礼归仁
LUNYU：FULI GUIREN

王　蒙　著

出版人	王　旭
选题统筹	戴　俊　孔令敏
特约编辑	温奉桥　常鹏飞
责任编辑	徐小凤
封面设计	刘　津
版式设计	陈　电
出版发行	贵州出版集团　贵州人民出版社
地　址	贵州省贵阳市观山湖区会展东路SOHO办公区A座
邮　编	550081
印　刷	深圳市新联美术印刷有限公司
规　格	889mm × 1220mm　1/32
字　数	345千字
印　张	16
版　次	2022年8月第1版
印　次	2022年8月第1次印刷
书　号	ISBN 978-7-221-16644-9
定　价	58.00元

写在前面的话

“孔孟老庄”，外加《红楼梦》，自它们问世以来，种种疏解，讲授，研究，发挥，延伸，整理，考证，是中国学人、志士、皇帝、大臣、名流进学的统一方向，必修功课，基本功夫。以此作为基础，从而产生了大家大师、新解新学、名臣名师名将、圣哲贤良、中坚楷模、国之栋梁支柱；道家中则出现了宗教领袖、神仙人物、老君真人、炼丹术士……董仲舒 、韩愈、朱熹、王阳明、王夫之、韩非子、河上公、葛洪、邱处机，直至现代的冯友兰等大家光芒四射，影响悠久，著作汗牛充栋，王蒙本无缘置喙其间。

而且王蒙只是在小学时期发疯般地背诵过《大学》《中庸》《孝经》《唐诗三百首》，青年时代喜欢读任继愈注解的《道德经》，读之有智慧迷醉感。王蒙的古汉语、文字学、中国历史、中国哲学史、世界哲学史的底子都还薄弱，王蒙去找经典而且是互动，这不是犯“二”吗？

我无意参与读解经书的大流，我的主业不在这方面。遇到出版方面约稿，我一直退缩回避。后来，我得到了出版人刘景琳先生的鼓励。他认为我有我的长项，有我的优势，他为我开辟了著作的第二个战场。

与老经典比较起来，我更热衷的是“五四”的经、马恩的经、本土化现代化生活化革命化的经。我警惕李白的《嘲鲁儒》的“问以经济策，茫如坠烟雾”的“白发死章句”，我也怜悯着李贺描写的“寻章摘句老雕虫 ”，结局是“文章何处哭秋风” 。我少年时代就是党员、脱产干部，从十九岁就写诗、写小说 ，我有过地下革命斗争经历，有政治生活的得益与受挫、得意与苦恼，有通蹇浮沉的经验教训。我有在大电子工厂，在新疆人民公社生产大队，在作协、在文化部、在中央任职或挂衔的经验，我也有负面的经验，更有深挖地、烧石灰、浇漫灌大水、扬场、带着一批牲口去钉掌的光荣历史。我曾经在车铣镗磨冲压装配车间参加劳动或检查工作，我有幸到七十多个国家和地区访问、旅游，我曾在五七干校担任连队炊事班副班长，一次和过六十斤面粉，一直为之而骄傲自负，以为自己有独得之秘，不肯轻易传授透露其窍门，更不会轻易告诉你生活与传统经典文化的可以意会、难以言传的关系。

所以我必须与经典互动，互动是一个使命。

是的，我有一点生活经验，小说人很看重的说法叫作“有生活” ，有一点头脑，喜欢而不是痛恨思想，像另位老哥们儿同行小说人似的。有兴趣读书，特别是读古文书与外文书，就是说读自己看不大懂的书，读得费劲，实在找不着根据就去硬猜，猜对了，是幸运，猜错了，是硬伤，但也是小说家言，是望文生义，是歪批三国，英文的说法是，会有“创造性的误读”。

读一段书，你的解释被认为有误，是以原文为准或有失误，但道理与体会本身不无精彩，这也是可能的。那就是说，我注六经，或可商榷，六经注我，趣味盎然。何况更多得多的情况，非是擦枪走火，郢书燕说，而是欣欣求识，化寻常为新奇，化一般为特异，化深涩为人情事理，洞明练达，新鲜有趣。没早早革命，早早教训，没一次和过六十斤面粉的人，硬是不会想到，想不出来，写不出来。这不也是人生一乐吗?

我必须明确地告诉读者，阅读、理解、考证、勘误、训诂方面，我主要依靠已有的教授专家的成果，我向他们致敬致谢，请他们继续指教。我的特色在于联系实际，在于联想、分析、扩展、旁敲侧击，别开生面，别有发见，获得灵感，独出心裁。比如老子说“世人皆知美之为美，斯恶矣”，古今许多大家老师说是老子说得过分了，但是我觉得极易理解。当年我读过《雨花》上的一个短篇《杨柏的“污染”》，说是一批犯了“错误”的知识分子，相濡以沫，积极劳动，日子尚好。后来要评出先进，先进了可能咸鱼翻身；一下子相互关系，就出了麻烦和难题了。而金融界的朋友告诉我，老子的这个话太好懂了，一个股票被视为优选以后，众人热炒，终成泡沫，如此而已，岂有他哉? 所以任继愈老师读了我的《老子的帮助》后赐信云：“你胆子太大了，把老子的天机都泄露了。”

把话说得再简明一些，我的目的不是读解，而是发挥，哪怕是借题发挥，不是学古怀古，而是通今、证今、鉴今、明今、阔今、润今，不是翻译转述，而是挖掘、掂量、优化，完善化，资助化，有效化，发明发见化。

为现时，为今天，来拓展、去增容、去深化、去提升我们的思维能力、命名能力、引证能力、说服能力，扎根发芽生长能力，互通能力与共识共议、和而不同的能力。

丛书共五部，分别是对《论语》《孟子》《老子》《庄子》《红楼梦》等经典的阅读与发见灵感。本书的一个愿景，是通过王某议论，力求让经典“复活”，让经典流向二十一世纪大变局中的我们。中国人就是不怕变局，礼崩乐坏的变局，合纵连横的变局，分而后合的变局，改朝换代的变局，鸦片战争、八国联军的变局，辛亥革命、中国共产党成立、抗日、解放战争胜利的变局……苟日新，日日新，又日新。中国文化的经验性、有用性、应对能力、抗逆能力精彩绝伦。

本丛书是对《论语》《孟子》《老子》《庄子》《红楼梦》等经典的学习并与之互动。本书的一个愿景，是通过重新解读，让经典与现实贯通，让古代与新时代接轨，让经典成为一种更加鲜活有效的切近存在，成为当代的一种精神参照和智力资源。

希望得到读者的赐教。

目录

04 / 论语：复礼归仁

第一章

天下归仁：孔子的『中国梦』

仁之道决定一切

孔子坚信，仁之道决定一切，决定邦国与天下的治理状况与全体臣民的境遇。君王懂得并践行这样的道，就是大治；违背这样的道，就是无道，就是垮台灭亡。

在这样一个总体逻辑下，孔子具体指导自己的学生，从不同的角度讲述仁的内涵与实践之路。

这里还有一个重要的根本性的论述——为仁由己。这四个字应该大书特书，它带有萨特的自由选择说的味道，强调的是一己的责任。由于种种原因，这种选择的责任意识在我们这里似乎不太发达，一场社会灾难过去了，在混乱中凶相毕露、洋相出尽的人，都是若无其事地批判指定的几个靶子，怎么就不能想想"为仁由己，而由人乎哉"？

克己复礼为仁。一日克己复礼，天下归仁焉。（颜渊篇第十二）

克制自己的私心私欲，回到礼法的要求与轨道上，那就是仁了。哪一天大家都做到克制私欲，回归礼法，也就是天下回到仁政、仁德的轨道上了。

仁与礼是根本

孔子的学说是抓心性，抓教化，抓仁与礼，抓正名，从而从根本上消除乱臣贼子、犯上作乱、争权夺利、见利忘义的可能。

夫子之得邦家者，所谓立之斯立，道之斯行，绥之斯来，动之斯和。（子张篇第十九）

如果他（孔子）得到邦国地盘，那就是要立住脚，要推行什么理念政务，什么理念政务就能得到推行，平安顺遂也就成为现实，各项事宜运作也都得以和顺。

志于仁，一心向善

一腔仁爱，一心向善，一意仁德，这就是天良，这就是纯朴，这就是免疫系统，这就是出淤泥而不染，这就是与恶绝缘，这就是最大的珍重与爱惜。

这似乎很简单、很容易，比起“人人皆可以为尧舜”“人人皆可以为仁者”的劝谕更入情入理，更可亲可行。需要推敲的是，为什么人们除了仁爱之心、善良之心、友好之心以外，还时有相反的心性——提防之心、争斗之心、嫉妒之心、嗔怨仇恨之心呢?

尤其是，为什么有些境遇下、有些事情上，是为富不仁的、为权不仁的、居心不良的、“无毒不丈夫”的人取得了优势，而一心仁爱的人反而闹得惨兮兮的了呢?

志于仁，一心向善，不一定是那么简单的事，起码得经得住不仁反而富贵荣华的诱惑。

苟志于仁矣，无恶也。（里仁篇第四）

如果立志追求仁、践行仁，也就不会作恶（被认为作恶）了。

仁不只是心功、内功

以事功为仁，尤其是以力为仁，这与孔子有些地方的论述不尽一致，但也透露了孔子的务实心态。仁是心功、内功，此前孔子已经多次表述过。同时，仁又不能仅仅是心功、内功，因为孔子要推行仁政，要论证仁给百姓家国带来的福祉。

该赞扬就应该赞扬，该指责就应该指责，这叫实事求是。

桓公九合诸侯，不以兵车，管仲之力也。如其仁，如其仁。（宪问篇第十四）

齐桓公多次会集诸侯，没有用武力，（取得了这样的成就，）靠的是管仲的能力。这也是仁呀，这也是仁呀！

儒家的大同理想

中华文化，尤其是儒学的魅力不仅在于它的现实性，如家长希望子女孝敬，君王希望臣子忠实，朋友希望相互讲诚信义气，处理问题希望不偏不倚，行中庸之道；还在于它的理想性。早在几千年前，儒家已经提出了世界大同的理想，很有些社会主义、共产主义的气息，仁政礼治，从孝悌开始，或者从意诚心正开始，达到治国平天下的伟大目标，与老庄的无为而治一样，都带有美好的理想性。顺便说一下，从无为而治中，我们也不难嗅到马克思主义阶级、国家、政党直至家庭消亡的大美前景气息。

什么是价值？价值是方向，包括取得了共识，但没有完全实现的理想。现在西方世界谈起价值来有一种没商量的豪迈，当然不等于他们的社会里已经全面实现了价值宣示中所讲的个人自由、平等、博爱、宽恕、民主、法治。那么，虽然历史上的中国权力系统未必做到了德治、礼治、王道、亲民、大同，儒家的价值追求长期以来仍然成为主流价值观，不能予以忽视或简单否定。何况，儒学价值观对于权力系统不无监督施压的作用。

孔子东奔西走，四处碰壁，然而他毕竟留下了一种说法、一个儒学梦，且至今仍然是中华人士的重要精神资源。

鸟兽不可与同群，吾非斯人之徒与而谁与？天下有道，丘不与易也。（微子篇第十八）

我们无法与鸟兽搭伙成群（形成社会），而我们是人呀，不与人打交道与谁打交道呢？如果天下有道，也就用不着我去力挽狂澜了嘛。

人情化的政治

孔子把施政解读得非常有人情味，是敬老尊贤、顺从长上、友爱亲人、遍洒雨露而不是六亲不认型的政治，是不但妈妈我爱你、妹妹我爱你，而且君王我爱你、父母官员我爱你、百姓我爱你、子民我爱你，即爱官如父、爱民如子型的施政。

有个美好的念想还是好的，人民将知道，斗得天昏地暗、血腥残暴的施政不是我们的追求。人不能太天真多情，人似乎也不应该太冷酷阴暗、诡计多端，不能把政治玩成仅仅是阴冷无情的恶斗。

人情化的政治，是儒家政治理念曾经长期被我国民众认同的主要原因。即使许多皇帝做不到孝友之政，百姓们仍然赞许着、期待着、梦想着仁政、孝友之政、亲如一家之政。两千五百年前是这样，现在与今后相当一段时期还会是这样。

学好学通了这一段，也会出现新的问题：他在家里对父母对兄弟，是从政治理念的角度来选择自己的行事与态度的，在亲和化施政的同时会不会把孝友的自然而然之情矫饰化、表演化、高度地政治化呢？政治人情化的结果会不会是人情的政治化呢？该何去何从？如何衡量个中得失？活一辈子，又成了中华文化的饱学之士，太闹心了啊。

《书》云：“孝乎惟孝，友于兄弟，施于有政。”是亦为政，奚其为为政？（为政篇第二）

《尚书》上已经讲过了嘛：“要孝啊，要将孝双亲、友爱兄弟之情之心，延伸到施政上哟！”这不是说得很明白嘛，孝与友就是施政，如果这个不算施政的话，又有什么算施政呢？

德治与人治

孔子的一贯主张，也是我国人民的永远期盼。第一是以德治国，权力系统的人道德高尚，感化教育全国人民仁爱高尚、谦虚克己，还用专政机器干什么，还用死刑干什么？第二是人治，不论遇到什么麻烦，你的领导是好人还是坏人，你们的命运会大相径庭。

记得当年人们为搞好人民公社而发愁的时候，赵树理先生就讲过：“关键在于生产队长的为人。”我相信，这不仅是赵老师一个人的看法。

《论语》是古代的中国梦，此梦久矣，此心坚矣。

“善人为邦百年，亦可以胜残去杀矣。”诚哉是言也！（子路篇第十三）

“一个杰出的好人治理邦国一百年，也就能够做到取缔一切暴力、去除死刑了。”这话真是说得好啊！

老百姓需要仁政

仁是对于君王、臣子、君子、士的要求。老百姓多半做不到仁，但是他们需要仁政，却不会为了仁政而冒险、而不惜死。所以说，老百姓对于仁的感受甚于水火。

这样的解释或有费力之处，但离开了这样的解释，则根本讲不通，包括古人的解读，如说是民人对仁德仁爱的要求胜过水火，那怎么会为水火而死呢？尤其是，如果是说民人亟须仁德，怎么会谈得上“蹈仁而死”呢？

民之于仁也，甚于水火。水火，吾见蹈而死者矣，未见蹈仁而死者也。（卫灵公篇第十五）

民人对于仁（政）的需求超过了水火。民人或有踏进水火而死的，却没有为了求仁而死的。

仁政需要“王者”

孔子很明白，实现仁心仁政绝非易事。它需要两个条件，其中一个就是上天降下巨星、救星、强势领袖，用他的圣贤心肠，用他的天才与威望，用他的实力与手段，力行新政，破除旧规，改变天下的走向。

在孔子当时的无义战的春秋时代，人们关心的是争夺，是谋略，是实力，也是个人与本邦国、本地域的发展与扩张。有几个人能津津乐道于仁义道德、谦恭克己？不出“王者”，仁政没戏。

这里的“王”不仅是指君王、帝王，更是指大者、旺者。后二者的含义，均见于《辞源》。

如有王者，必世而后仁。（子路篇第十三）

如果有（天将降大任的）王者兴起，他也得干上三十年才能实现仁心仁政的目标。

以礼让治国理政

一国之人，如果大家都彬彬有礼、谦逊退让，个个君子，人人绅士，这个国家成了君子国、道德国、文明国，那么这个国家就不会有贪腐、暴力、偷窃、暴政、颠覆等各种违法犯罪情况出现了。这个逻辑似乎很简单明了，也完全应该有这样的理想，但实际上要做到却很困难。因为人际关系中除了礼让以外，还有竞争；除了权利的平等，还有阶级、等级、种族、信仰、品格、才能、学历、统治与被统治地位的差异，并从而有了矛盾、冲突及斗争；除了纯洁以外，还有杂质与时时产生的污浊。想建立一个一潭静水、一潭清水的国家，那是美丽的礼让君子“乌托邦”。

钳制与取消竞争，以彬彬有礼的谦逊退让取代竞争与冲突，这个想法有可取之处，因为竞争当中会出现许多人性恶的表现，会带来许多负面的东西。但取消了竞争，也就取消了发展与进步，取消了进取与创造，也就会使道德与礼让的提倡变得矫情，使礼让、道德在人性与社会发展面前显得力不从心。

正确的办法是，恺撒的归恺撒，上帝的归上帝。在市场上，许多社会生活领域，强调的是有序公平竞争，优胜劣败；在人际关系相处上，强调的是君子之风，礼让谦恭。

能以礼让为国乎，何有？不能以礼让为国，如礼何？（里仁篇第四）

如果你能提倡推行以礼让谦和的精神来治国理政，那又有什么困难的呢？如果做不到礼让治国，那要礼法又有什么用，把礼法又放到什么地方去呢？

低调治理，有限用权

孔子不容易。两千多年前，东周中央政权式微，各诸侯国争权夺利，征伐流血，他不可能提出民主法治建设的理念，他找不出息争罢战的路线图，他只能维护秩序，君君臣臣父父子子，用齐家模式治国。但他又不是权力拜物教，暴力或者武力拜物教，他希望用仁德之心、忠孝之义、敬事敬天之恭谨、节用爱民之善意来约束执政权力系统、约束治人者，同时也用一些好的道德说辞力求约束与陶冶治于人者的心性，至少让百姓不要犯上作乱。

孔子提出的其实是一个低调治理、有限用权的观念。中国历史上的政治强人离不开军事实力，往往兼为军事强人。他们沉迷于诸侯王国间斗争的结果，往往是急功近利、好大喜功，视臣民如草芥，视君王意志与权力为无上。孔子在客观上已经形成了对于权力系统的文化规范、文化监督与道德约束，也进行着对百姓的良民说教，点染了儒家的仁政、德政、天下有道，至少是本邦有道之梦。它是在一个法制并不完备、权力制衡也不健全的地方的还不错的政治理念。理念当然并不等于能全部兑现，然而，理念的引领与平衡作用，仍然是实际的历史存在。没有这样的相对合情合理的理念与践行，中国的封建社会也许早完蛋了。

子曰："道千乘之国，敬事而信，节用而爱人，使民以时。"（学而篇第一）

孔子说："治理一个具有一千驾兵车、规模不小的国家，应该恭恭敬敬、兢兢业业地做事，诚诚恳恳、信信实实地说话，节约民力财力，爱惜官吏（也怜恤百姓），而且要不违农时地、符合季节特点地使役百姓（不要因为官家的事妨害老百姓的利益）。"

礼法治国，仁德服人

有实力怎么使用？这倒是大问题。孔子强调的是文治，是仁德，是礼法，是软实力；而君王们看到的首先是武力，是能取政敌首级的武器。至于硬实力用在外面还是内里，难说。中国自古有“窝里横”的传统。恰恰是祸起萧墙对于权力系统的威胁最大，窝里斗起来，甚至更复杂、更血腥、更残酷。堡垒容易从内部攻破、攘外必先安内、打土围子……这些说法绝非无的放矢而是经验之谈。这个问题上单靠仁德礼制似有不足，还是要有一个权力系统乃至强力系统的产生、壮大、运转与制衡调节的机制，避免萧墙内部产生危机，则国家幸甚，百姓幸甚，权力中人也幸甚。

但是，孔子所主张的对内不用刀兵，靠仁德文化礼制来吸引人、信服人的想法仍然极有价值。他反对与削弱穷兵黩武的冲动，这是一种政治文明的理想。理想的特点是美好，但不一定能百分之百兑现，不兑现也是好理想，也是圣人的圣明高远，岂能掉以轻心？

丘也闻有国有家者，不患寡而患不均，不患贫而患不安。盖均无贫，和无寡，安无倾。夫如是，故远人不服，则修文德以来之。既来之，则安之。（季氏篇第十六）

我孔丘听人讲过，治国治家，不怕你财产匮乏，只怕你分配得不平衡；不怕你贫穷艰苦，就怕你争拗不安。因为财富分配与使用平衡了，就不会觉得财产匮乏；相互关系和谐了，也就不会苦于贫穷艰难；社会安定了，也就不会有灾难性的倾覆。做到这些了，边远的人们仍然不信服（也不要紧），可以搞好自己的文化德行（软实力）招徕他们。等他们来了，就安抚安排好他们。

治国理政的统一与秩序

人类最初的诗性感悟、终极怀抱、道德激情，一个是来自星空，一个是来自男女爱情。

星空比喻至今不衰，歌曲《毛主席啊，我们永远忠于您》中唱道：“您是光辉的北斗，我们是群星，紧紧地围绕在您的身旁。”歌词应源于《论语》。

不同之处在于，许多人对于星空的描述与讴歌在于其伟大、灿烂、高远，而孔子的感悟在于它的统一与秩序，在于北辰星系的一元性。妙矣哉！

为政以德，譬如北辰，居其所而众星共之。（为政篇第二）

按照道德的要求治国理政，正像北极星一样，（将能够）端坐在自己的位置上，（成为核心）而众星围绕拥戴着它。

无为而治的高端想象

不知道舜是怎么进行公共管理的，古代政事应该没有后来那么烦琐，所以许多“君子”信而好古、古道热肠。马克思回答女儿的问题“什么是你最喜欢的美德”时，他答的是纯朴，而女儿答的是直爽，这都与孔子、老子的思想相通。

深文周纳、琐细苛刻、事必躬亲、无微不至，这样的执政并不受欢迎。而精兵简政，直到无为而治，一直是历代君主追求的一个目标。这个目标说着容易，但做起来很难。

马克思主义的学说则认为到了共产主义社会，国家机器、政党政治将自然消亡，这也与无为而治的高端想象相通。

无为而治者，其舜也与？夫何为？恭己正南面而已矣。（卫灵公篇第十五）

能够做到无为而治的也许只有舜吧？他是怎么治国的呢？恭敬严谨地在王位上一坐，一切就自然而然地运行良好了。

“孝”字治天下是真

孔子将孝、将父子的人伦关系看得极重，原因是他认为这是人类社会一切人际关系的基础。在家里，对父母孝敬顺从，对兄弟团结友爱；将来到了外边，自然对君王乃至于对老板、对长上忠心耿耿，对同僚亲如兄弟。从而，天下太平，一片和谐礼法。

想得单纯天真可爱。说半部《论语》治天下是虚，孔子本人没有这样表示过，但说一个“孝”字治天下是真——美在天真。

《论语》句句透露着孔子的性善论，使读者听者恍若受到表扬鼓励，自感舒服，把天下大事大大地简单化、便利化、快捷化。试想，如果是性恶论，不失童心的读者读起来是多么晦气！

父在，观其志；父没，观其行；三年无改于父之道，可谓孝矣。（学而篇第一）

父亲在世，要看儿子的心愿志向（是不是顺应了父亲）；父亲去世了，要看儿子的行为（是否仍然符合父亲传下来的规范）；父亲去世以后，多年没有改变其做人做事符合父意的主导原则，那就算是孝顺之人喽。

孝悌是做人与为仁的根基

古今中外，如何维护社会的法纪规则、上下尊卑秩序，防止混乱，防止无政府状态出现，防止犯上作乱，防止暴动颠覆分崩离析，都是一个大问题。很简单，人生下来就要分尊卑长幼。至少，中国古代是弱冠（男子虚岁二十或实足年龄十九）或束发（男子虚岁十五或实足年龄十四）以前，如今则是十八岁以前，子女尚未自立，他们必须接受父母的监护。而且，除了子女对父母的依赖性，还有天经地义的、十足美好的、正确性中必有的亲子之情存在。这样被监护的子女，不要犯上作乱，这难道还有什么需要论证的吗？这样的子女，不要对长上闹平等民主维权，也是天经地义的。于是，《论语》推而普泛之，推而长远之，扩而大之，提倡无条件地用小儿女对父母的态度对待上边，对待权力体系，直至君王，也就是不争之论了。

除了“孝”，还要讲“悌”，因为一对父母不一定只有独子，兄弟姐妹的关系也很重要，也要从幼儿时期杜绝犯上作乱与相互乱斗的因缘。“弟”，古同“悌”，但窃以为兄姐也要懂得“悌”的重要。即使都是皇帝的正宫娘娘亲生的，哥儿几个争起权来，还是很血腥的，这不好。

有子曰：“其为人也孝弟，而好犯上者，鲜矣；不好犯上，而好作乱者，未之有也。君子务本，本立而道生。孝弟也者，其为仁

之本与！”（学而篇第一）

有子说：“一个人能够孝敬父母、敬爱兄长、关爱兄弟姐妹，却硬是会冒犯忤逆上司甚至君王，恐怕太少见了吧。从不向上峰挑战，而会掀起动乱，这样的事儿，这样的家伙，那是根本就不可能出现的。君子精英，辅佐治国，向来注意抓根本，根本抓好了，章法规矩、道理原则也就生成完善了。一个孝，一个悌，这恰恰是做人与为仁的根基哟。”

善战不如不战

再善战不如不战，不如躬耕，可爱而难实现也。

各种理想都是可爱可敬可圈可点的。现实并不符合理想，人性也不是只有符合理想的一面；恰恰人性有违背理想的负面，如争强好斗，这就是问题之所在。

南宫适问于孔子曰：“羿善射，奡荡舟，俱不得其死然。禹、稷躬稼而有天下。”夫子不答。南宫适出，子曰：“君子哉若人！尚德哉若人！”（宪问篇第十四）

南宫适向孔子请教说：“羿精于射箭，奡精通水战，但两人都不得好死。禹与稷二人亲自耕田引领务农，而拥有了天下。（您怎么解释这种现象呢？）”孔夫子没有作答。等南宫适走后，孔子说：“这个人真是君子啊，这个人是真的崇尚德行啊！”

德最后能战胜恶

要有这个信心，德最后能战胜恶，原因是民人要的是仁政德政，是仁义礼智信，不是暴政恶政，不是坑蒙拐骗压。德必有邻的反面就是恶必少援，恶必有恙，恶必有报。

德不孤，必有邻。（里仁篇第四）

对于德行的讲究是不会孤立无援的，讲求德行，必然会赢得自己的同道与盟友。

硬实力要依靠软实力

孔子渴望的是做一个文官，他是文化治国、道德治国、礼法治国论者。先秦时期，诸侯君王们其实更关心的是军事，这也是孔子生不逢时吧。

老子的说法则是“以正治国，以奇用兵，以无事取天下”（《道德经》第五十七章）。“正”，通“政”，既是正义正道，也是政治的意思，治国与用兵是两码事。

孔子关注的是治国，很少谈用兵，他的逻辑是国治好了必然强大，军事要靠政治。用今天的话来说，硬实力要依靠软实力。混淆了两路事宜，以用兵之术来治国，会治国不当而生乱，这样的教训应该深刻记取。

卫灵公问陈于孔子。孔子对曰：“俎豆之事，则尝闻之矣；军旅之事，未之学也。”明日遂行。（卫灵公篇第十五）

卫灵公向孔子请教作战的阵法。孔子回答：“礼仪的事，我还见识过一些；至于打仗的事，我没有学过。”第二天就离去了。

道德文化也是实力

没有文化却有君王，那里的秩序与生活好不了，那里的君王也好不了。如果在君王（权力）与文化中择一，那么孔子选中的必是文化。这符合孔子一贯对于道德文化、对于仁政与王道（不是仅靠实力的霸道）的推崇。

夷狄之有君，不如诸夏之亡也。（八佾篇第三）

那些边远与文化滞后的部落人群虽然有君王，还不如中原地区失去了君王的呢。

宁可短缺强大，不可短缺文明

齐国强大，因之更加注重强大，个个心里揣着一个“强”字，自然注重物质与实力，失于浮躁。鲁国不强大，但有周公遗风，追求的是文明，是儒家的礼与义，即规范与道理。从更抽象也更高远的无所不包的道的观点来看，则是宁可短缺强大，不可短缺文明。这与近现代以来懂得了物竞天择、适者生存的竞争法则后的国人，其思路距离较大。即使先秦时期，孔子的文化理想主义、礼治与泛道德主义也很难落实。但对于个人来说，它有一种吸引力与高尚感。

虽然政治史中难以找到孔子思想的成功范例，但是他的主张已经在中华大地上深入人心，成为一个民族的仁义道德之梦。

齐一变，至于鲁；鲁一变，至于道。（雍也篇第六）

（急功近利的）齐国变化一下，可以变成（小康的、崇文好礼的）鲁国；鲁国再变化一步，就近于周公的治国之道了。

美德，出自于正

孔子特别喜欢一个“正”字，端正、正派、诚信、忠实、妥当、正道、大气，派生含义无穷。所以，他要正名，要以正克邪、克谲、克己、克小气。他相信各种美德，出自于正。

古人喜欢寻觅一批讲人类美德的词，也许只是一个单独的字，连通过往，分析过去，贯穿于一，从而享受宣扬美德的快乐与精确命名的精神权利，还有庄严的完成大任意识。

晋文公谲而不正，齐桓公正而不谲。（宪问篇第十四）

晋文公阴谋诡计，不正大光明；齐桓公正大光明，不搞阴谋诡计。

谈德，更要弘德

其实国人都把德挂在嘴上，孔子同时代的诸子百家也都喜欢谈德。但是，像孔子这样把一切希望寄托在德上的人，为以德治国而奔走呼号的人，大概不多。

子曰："由！知德者鲜矣。"（卫灵公篇第十五）

孔子说："仲由（字子路）啊，真正知道德的作用、力量、功能与以德治国操作的人，是太少太少了啊。"

慎终追远，民德归厚

“慎终追远”是句被广泛认同的好话，《论语》上好听好看好思想的话极多，从修为上也从语言文字上训练了我们民族几千年。这四个字相当普及，被许多字典、词典收入。

专家学者一致认为，这是对双亲丧葬的严肃性、重要性而言的。我觉得这更与东周时期礼崩乐坏的局面有关。中国历代开国时期，除皇帝坐龙廷或有什么新政以外，肯定还会有一批新的礼仪、仪式、祭天、祭祖、封诰、赏罚、命名等官事活动，还要大兴土木修建宫殿、神殿、祖庙、功德碑、牌坊等。一番热闹豪迈，参加新朝礼仪活动的臣民，也会有一种欣欣向荣、锐意求新、信心百倍、受宠若惊的兴奋感与认真感。而到了某朝代的末世，到了“世纪末”，各种老一套活动、老一套官腔官调、老一套形式主义等，渐渐变得了无新意、麻木不仁、松垮疲沓、腻烦可憎。静默三分钟、闭目想拳经，完全今非昔比。

还可以更多地从文化保守主义（褒义）的思路上看，尊敬先人、重视祭祀、一丝不苟地进行丧葬与祭祀活动，包含了对人的尊严、历史尊严、经验尊严、先辈尊严的强调，有其合理性与严肃性，至今仍然是我们的一份宗教情怀与精神遗产。

还要考虑到一个情况，语言与语词有自己的结构、自己的之所以如此的道理，也就有自己的延伸与演绎能力。奥妙的汉字更是如此。语言传播包含了误读、误传、发展、创新、变异、丰富、横看成岭侧成峰的可能。

知道“慎终追远”这句格言、熟语的人，远远比认真阅读过《论语》注疏的人多。他们从字面上理解，会认为此语说的是做一切事，越是到了后期制作越要谨慎认真、精益求精、善始善终；而分析把握一个事件或一个任务，光看到眼皮子底下的情况还不够，必须追溯遥远，追溯其背景、渊源、走向以及与其他事物的互动等。这样的理解也不能说不对。

慎终追远，民德归厚矣。（学而篇第一）

对于父母的送终，要做得一丝不苟；对于祖先的祭祀与怀念，要追溯到久远以前。这样，民人的德行风气，就会比较淳厚了。

以德治国，以礼维稳

以杀立威，以威立君，以君立国，在中国是古已有之的重要政治思路。孔子反对这一点，主张以德治国、以礼维稳。孔子的思想有理想主义、文明主义色彩。孔子的理想并没有完全实现，但是他的思想起了很大作用，多少约束了封建帝王以杀为纲的专制之道。

所谓文明，不仅是指生活方式与社会政治的运作方式，同样也指一种追求和理念。中华文明当中，对于大同的理念、对于王道的理念、对于仁政的理念，虽然未能全部实现，但有这样的理念仍然比唯杀主义、唯权主义的独霸天下要好，即比没有儒家的理念要好。

其实西方的文明，例如基督教文明，也不可能百分之百兑现，如爱敌人与宽恕，但他们仍然珍视这个文明。当代欧美国家不遗余力地提倡民主、人权、人道之属，他们也承认自身做的有许多不足之处，但这些理念仍然发挥着不可轻觑的作用。中国也在汲取这些理念，使之本土化、中国特色化并从而走向自身的现代化。

子为政，焉用杀？子欲善而民善矣。（颜渊篇第十二）

您管理政务，何必用得着杀人？您希望与追求善良，民人就会往善良方面倾斜。

先做一个好人

儒家的原则是：做人第一，人际关系第一，道德自律第一；学习第二，文才文艺第二，做事与前程第二。学的有多有少，文化知识有深有浅，事功有大有小，前程有高有低，你先做一个好人再说。做一个孝悌谨信爱众亲仁之人是无条件的，却也是人人都可以做到的；别的是有条件的，别的视具体状况、本领、机缘而定。

最后，道德标准、泛道德主义，有它的即刻动人之处，哪怕只是想一想，到处是道德化的政府、道德化的学校、道德化的人才培养与人才录用，立马会觉得暖暖和和、舒舒服服的。但道德不像法律，它不是那么清晰、那么好判断的，如果标准高尚、煽情而又笼统的话，也就产生了作伪的可能、莫衷一是的可能、相互不承认对方道德高尚的可能。即使在西方的民主竞选中，也常有靠揭政敌老底求胜的。这个问题也不能不斟酌一番。

弟子，入则孝，出则悌，谨而信，泛爱众，而亲仁。（学而篇第一）

孩童少年们，回家要孝顺父母，出门要与旁人如兄弟姐妹般相处。说话做事都要严谨，讲究诚信，说到做到，要懂得关爱众人，这样做就走向了仁德圣贤（远离了乖戾恶丑）。

圣明是一种伟大的力量

世界上有两种伟大：一种是靠权力——职位，它有生杀予夺之威，从而有所作为、建树；另一种是靠圣明，包括人格、智慧、学识、理论见解与发明创造，从而获得感召力、说服力、推动力。

前者靠社会历史创造的某种条件，靠拥戴，靠已经形成的社会结构，靠气数或者运气，当然也靠自己过人的勇气、决策能力、执行能力、人格魅力，使自己有了大展宏图的可能；后者靠自己，靠真理性与可认同性。前者明显而后者含蓄，前者强硬而后者具有弹性，前者立竿见影而后者渐行渐著。孔子在当时能得到仪封人这样高的评价，很了不起。“何患于丧”的名言也极有教益，真正拥有精神资源，有人格、见解、心胸、本事，手上也出活儿，是什么力量都夺不走的。而所有的官迷、公关迷、紧跟派与跟风派，都是无知无能的废物的表现。

二三子，何患于丧乎？天下之无道也久矣，天将以夫子为木铎。（八佾篇第三）

你们（跟随孔子的）几位年轻人，何必有什么失落感呢？何愁得不到官职呢？天下无道，不合章法已经很久了，（但或早或晚）上天终将会以孔子为章法法制的标准，以孔子作宣示政令的木铃标志呀。

承认差别的存在

注意居住环境，古已有之。阶级差别、社区差别、文化教养的差别、君子与小人的差别，古已有之，于今尤烈，今日更有“高尚住宅区”之说。怎么办？颠而覆之，将上层人物打翻在地再踏上一脚，是一个办法，痛快则痛快矣，代价大而效果也许适得其反。承认差别，让一部分人先发展起来，比较务实，但不能不警惕两极分化。孔子主张居仁，很实惠，但这也就等于承认“不仁居所”社区的存在。仁找仁的结果，只能是放弃不仁，让不仁与不仁抱团。一个邦国如果仁与不仁干脆分裂为二，后果堪忧。老子的说法则是“高者抑之，下者举之；有余者损之，不足者补之。天之道，损有余而补不足”（《道德经》第七十七章），值得深思。

里仁为美。择不处仁，焉得知？（里仁篇第四）

居住在有仁德的地方，与仁人为邻，那是一个美好的体验。如果不懂得在选择居处的时候以是否有仁德、与仁人为邻作为取舍标准，怎么能算得上有智慧呢？

教化是首要的任务

以德治国，为政以德的理论，使中国的权力系统以教化为自己的首要任务。理论上，教化的重要性甚至超过了管理。致道的途径是学习，通过学习使天下有道，就像百工各有各的做事场所一样。组织学习型社会、学习型国家、学习型权力系统，这种想法古已有之。

屡屡把君子与小人，乃至与百工即三百六十行的人对立起来，则是可以调整的思路。佛老既然都认为道在吃喝拉撒中，那么百工的精益求精，欲善其事与欲利其器，如何能与大道无干呢？

百工居肆以成其事，君子学以致其道。（子张篇第十九）

各行各业的工匠，在自己的车间完成自己的活计。君子则是通过不断地学习琢磨，来推行那理想的道。

良心至上

遇到权力系统出了大问题的时候，有良心的仁人，会做出自己的选择：有的逃亡，是不合作主义；有的佯狂避乱，干脆下放为奴，当然是不得已；有的坚持斗争，最终壮烈牺牲。孔子对这些都加以肯定，说明孔子在仁的命名下仍然预留了选择的空间。

仁的解释用今天的话说就是有良心、有善心、有天良，所以不能助纣为虐。权力是需要追随的，良心是各有把持的，一个已经进入权力系统的人，听权力的还是听内心的，这确实是一个问题。孔子主张良心至上，用良心、价值、道德、文化、文明来平衡权力的威严与实力。这看起来有些螳臂当车、以卵击石、杯水车薪、无济于事，但仍然有道德义理的威严与说服力。孔子的影响这样大，说明他的天良论取得了相当的胜利。他依靠人心诉诸人心，果然赢得了相当的人心，不能小觑。

中国古代没有权力制衡的观念，中华文化维护的是大一统的中央集权国家，但不能说中国的权力没有任何监督。孔子的仁，不仅是交相爱，而且是交相监督，爱之深则责之切。以为讲多了仁，大家就会和稀泥起来，那是无知误解。翻翻中国历史，许多君王并非干什么都畅通无阻，就是因为被许多已经深入人心的儒学道理约束着。这些义理，更成为忠臣们逆龙鳞而进诤言的强大驱动力。

微子去之，箕子为之奴，比干谏而死。孔子曰：“殷有三仁焉。”（微子篇第十八）

纣王无道，微子逃亡走掉了，箕子佯狂而被降为奴隶，比干坚持死谏（提不同意见）而被杀剖心。孔子说：“殷商时代，这三个人都是仁人志士啊。”

性善论的坚持

鸣哀言善之说脍炙人口，这是一种文学性极强的生命体验，同时有一种对性善论的笃信。它不能成为一种人生教训，然而着实感人。《论语》的好处在于它入情入理，情满于理。

鸟之将死，其鸣也哀；人之将死，其言也善。（泰伯篇第八）

鸟快要死了，它的鸣叫十分悲哀；人快要死了，他说的话语十分善良。

孔子学的是文武之道

孔子没有学历。孔子学的是文武之道，是已经衰微，但仍然被一些人崇拜着、温习着、记忆着的文治武功之道或周文王、周武王之道。这说明，每个大人物都有自己的道行、道路、道德、道心，尤其是周朝君王那样的大人物。这也说明孔子学问的核心是政治，是治国平天下，是政治的道德化，因而也是修身课、全民课。还说明，“礼失求诸野”，朝廷的脾气虽然变得快，但是文武之道仍然蕴藏在民间，民人不可能像邦国君王与纵横说客那样实用主义地迅速变化自己的说法与调门，或众说纷纭，一片嘈杂。已经根深蒂固的精神积淀不是随着政治社会陷于混乱、随着礼崩乐坏立马“坠于地”无影无踪的。孔子儒家道理的渊源在周代，影响在民间，针对的是乱局，一以贯之的是仁与礼，综合起来就是道。是历史教会了孔丘，是民人教会了孔丘，他的思想理论不是哪个名师教授的结果。

文武之道，未坠于地，在人。贤者识其大者，不贤者识其小者。莫不有文武之道焉。夫子焉不学？而亦何常师之有？（子张篇第十九）

周文王、周武王的道并没有失传，而是被一些人继承着。贤明的人能够学到其中的大道，不那么贤明的人也能多少学到一点其中的小道。到处都有文武之道存在。我的老师怎么可能不学？到哪儿不能学？又何必非得有一个专门的老师呢？

第二章

斯文济世：儒者的『执着』与『关怀』

第一位的是“志”

孔子自况的所谓“无可无不可”，似乎有几分机会主义。原因是孔子面临的不是如同抗日战争那样的民族大义问题，他也不存在前朝大臣、耻食周粟的痛苦；他要的是得到机会试验推行他的为政以德论、孝悌出发论、仁治礼治论、人人尧舜论与中庸之道论等。这说明孔子对于合作与不合作的做法也持开放态度，不是死认一个法子，不是用一根绳子衡量天下的公共知识分子。孔子的自我定位是可以比较合作，也可以甘居边缘化。他的选择空间比那些逸民即异议化、边缘化人物更宽广。

“无可无不可”不是高调，是低调。就是说个人的身份、地位、形象、荣辱并不是第一位的，不用预设前提条件，更不可预设下场结语。一个士，一个知识分子，第一位的是自己的“志”：是追求与品位，是责任与担当，是理念的坚信、争取落实的耐心与一步一个脚印的进展。

虞仲、夷逸，隐居放言，身中清，废中权。我则异于是，无可无不可。（微子篇第十八）

虞仲、夷逸他们呢，隐居到民间，说话随便，为人清高，甘心被废弃而仍有权宜的思谋与算计。我与他们都不同，没有什么一定要做的，也没有什么一定不可以做的。

仁是价值的最高端

为了仁，可以牺牲生命，即使采用了某些必要的手段，前提也是为了仁德，而不是相反。仁是孔子思想的核心，是价值的高端。不可害仁，也正是孔子做人做官的底线。

志士仁人，无求生以害仁，有杀身以成仁。（卫灵公篇第十五）

什么是志士仁人呢？绝不为了求生而戕害仁德，却可以为了仁德的完成而牺牲生命。

认识自己的使命

问题不在于孔子以多大的权力自居，而在于先秦时期，诸子百家多以辅佐王室、经世致用为做学问的目的。孔子善于识人，善于分析人的优劣长短特色和判断某某人在权力系统中能够胜任的角色，孔子以为他有这样的使命。

子曰：“雍也可使南面。”（雍也篇第六）

孔子说：“冉雍这个人可以做独当一面的大官。”

天生我材必有用

孔子其时已经提出了用人不应拘泥于出身门第的问题。

孔子还透露了一个对于“被用”的认同。毛色好、犄角好的耕牛，必然“为世所用”，用去牺牲祭奠，那是天意，是山川的要求，也是伟大使命。反正谁也不能白活一遭，如后世李白的诗“天生我材必有用”。而庄子鼓吹的是“被用”的灾难性，庄子的说法大异于孔子。《庄子·外篇》中讲，楚威王派人邀请庄子当官，庄子说宁可当泥泞里打滚的活龟，也不愿意堂堂皇皇进入庙堂当占卜用的死龟，他坚决拒绝了“被用”。

犁牛之子骍且角，虽欲勿用，山川其舍诸？（雍也篇第六）

一头普普通通、毛色一般的耕牛，它的下一代照样可以毛色纯净、犄角端正，就算你不给它派祭山川神祇的用场，山川神祇能放弃它吗？

当仁不让的气概

孔子强调礼让，但在自己的使命与历史角色问题上，孔子的态度是当仁不让。

任何一个有志者、有为者，都有一种当仁不让的气概，然后才能有追求、敢奋斗、不怕牺牲、克服常人克服不了的困难，终于有所成。

孔子的梦是回到周公时代，今天的梦则是创造新的历史。新历史新面貌，与孔子的梦仍然有延续承接的关联。

甚矣吾衰也！久矣吾不复梦见周公。（述而篇第七）

我老得已经这样厉害了！我已经很久没有梦见周公了。

君子时刻准备承担

君子最初指的是统治系统、权力系统中的男子，是一种地位、身份的概念。正是《论语》，从那个开宗明义的“人不知而不愠，不亦君子乎”开始，赋予了君子后来的受过教育、有相当的文化涵养和文化品质的含义。君子，有地位也有文化教养，但不一定个个都有明确的官职与责任。他们有的是候补官员，有的是正在打拼的说客，有的还需要论证自己确是君子，即尚是候补君子，有的是仕途上退出的或落败的前官员；有的做官，有的清谈，有的帮闲，有的鸣于诸子百家，有的只有虚名；有的教书，有的归隐，有的被邀做官赶快洗耳朵以示清高；有的人擅长诗词歌赋，有的人精通琴棋书画。每个君子都要“时刻准备着”担当惊天动地的大业，应该可以接受托孤，掌管邦国，承担一切，经得住一切艰难灾异的考验。

可以托六尺之孤，可以寄百里之命，临大节而不可夺也。君子人与？君子人也。（泰伯篇第八）

可以将幼小的孤儿托付给他，可以将国土百姓交代给他，遇到大的危难变化，有足够的担当，不轻易屈服于外来的压力。这种人是君子（的担当）吗？当然是君子（的担当）呀。

仁以为己任

遍读《论语》，曾子的调子相当高，至少在词句上，比孔子的调门略高。

士不可以不弘毅，任重而道远。仁以为己任，不亦重乎？死而后已，不亦远乎？（泰伯篇第八）

一个读书人、一个精英应该强大坚毅，他的任务重大，道路长远。他以实现仁政、推选仁德为己任，能说不重大吗？他死了以后才可以停止自己的奋斗，能说不长远吗？

匹夫不可夺志

三军之帅，“帅”在他的指挥权上，他的指挥权并不是他一个人的事，需要君王的任命，需要下属的支持，需要敌方未能破坏他的有效指挥权威与必要手段。如果君王见疑，如果下属不服乃至下属背叛，如果敌方实行斩首战术成功摧毁了他的通讯、情报、参谋系统甚至将他击伤击毙，他这个帅就被剥夺了。而一个小小百姓，志在我心，是非、善恶、友敌、纳拒的判断，全在我心，你拿我有什么办法呢?

孔子重视心功，重视人的内在修养与自由选择。内心的选择自由不可剥夺：即使你将我押上了刑场，我坚信你是十恶不赦、自取灭亡，我仍然傲视你，不把你放在眼里，无数英雄、义士、志士、革命领袖、宗教领袖都有这个气度。与此同时，一些唯权唯利论的人，一心要做的是千方百计夺匹夫之志，夺而得之或夺而不得的事例都有很多，令人叹息。

三军可夺帅也，匹夫不可夺志也。（子罕篇第九）

你可以剥夺三军的主帅，但你无法剥夺一个普通人的意志。

知其不可而为之

知其不可而为之，现在是一句伟大的话、悲情的话，带着自我奉献牺牲精神的话，脱离了安危、成败、得失考虑的话。对孔子的这样一个评语，表现了孔子的理想主义，也表现了孔子的倔强。

子路宿于石门。晨门曰："奚自？"子路曰："自孔氏。"曰："是知其不可而为之者与？"（宪问篇第十四）

子路夜宿在石门。到了早晨，看门人问："您是从哪里来的？"子路说："从孔子那边。"看门人说："就是那位明知做不成却还坚持去做的人吗？"

君子精英的引领作用与引领责任

孔子认为君子精神追求的风向是风，是主导与有力的；而小人的走向是被动的，是随风摇摆的草。这个见解也值得深思。这是孔子的精英主义，它有利于反对民粹主义，却不利于弘扬民主。但我们不能不正视孔子此说。例如，某些时候群众运动实际是被运动，恰恰是在群众发动的情况下，会产生人云亦云、跟风起哄、忽东忽西、盲目蛮干等现象。所以，强调君子精英的引领作用与引领责任，是有价值的。

但这几句话只讲了一个方面，即精英决定民众的方面，而没有讲民心民意决定精英的成败这一方面，没有讲民心可以载舟也可以覆舟这一方面。从战术上说，民心民意可以被利用，可以被歪曲，可以被欺骗，也可以被伪造；但是从战略上说，民心就是天心，民意就是天意。小人蚁民，许多时候是草，也有时候是狂风暴雨，叫作“喑呜则山岳崩颓，叱咤则风云变色”（语出骆宾王《为徐敬业讨武曌檄》）。代表人民、尊重人民、学习人民仍然是治国理政的不二法门。

君子之德风，小人之德草。草上之风必偃。（颜渊篇第十二）

君子的道德取向，好比是风；小人的道德意识，好比是草。君子的风往哪里刮，小人的草就往哪里倒。

弘道是选择与担当

道是天道，是来自天地的、自然而然的、先验的、终极的，以及高于一切的规律、法则、价值与理念。同时，道的被认识、被服膺、被坚持、被践行属于人的使命与责任。我们并不要求与设想天必须行道，山必须行道，树木花草、飞禽走兽必须行道。人不能等待道的自行运转与成就方方面面，而必须努力去习道、弘道、讲道、行道、修为大道。

孔孟强调的是道的主体性，道是靠人来弘扬的。老庄强调的是道的自然性、自行性，还有就是人的行为的经常的有限性、相对性乃至谬误性，强调的是人少折腾，多来点自然而然。

他们讲的都有道理，但首要的应该是孔孟的主体说、责任说。可以说，孔孟的说法是人生的预热，老庄的说法是人生可能出现的高烧的降温。没有预热的人生等于拒绝人生，等于行尸走肉；没有降温的人生又可能是害人害己，轻举妄动，自找麻烦，点火自焚。

人能弘道，非道弘人。（卫灵公篇第十五）

道，是人力发扬光大起来的；人，不是道所发扬光大起来的。

推行仁义比辱与疏更重要

孔子的处世学问很实在，对君对友，都不能烦琐絮叨，这是不易之论。但孔子一生却又是不厌其烦地讲说着、推行着他的仁义道德化的政见与人生观、修身观。辱与疏的滋味他都尝过，他能从而不说或大幅度地少说吗？

原因在于世界上有比辱与疏更重大的失败与痛惜。如果不辱不疏的代价是不言、不思、不行、不做、无是非、无追求等，那就宁可受辱被疏，也要做自己认定应该做的事。

事君数，斯辱矣；朋友数，斯疏矣。（里仁篇第四）

在君王那里当差，太啰唆了，必定招致君王讨厌而丢面子；与朋友相处，太唠叨了，必定使朋友疏远而离开自己。

好仁是长久理性的价值观念

好仁，是文化，是理念，是价值观念。好色，是本能，是生命冲动，是心理更是生理需要。二者没有可比性。

好色可能一时强烈，过了高潮就会衰减；求仁，则是一个价值系统的运作与发挥。文化的追求同样离不开人的荣辱得失与生命体验。正常情况下，好色仍然是可以管理、可以掌控、可以引领到美好的文化精神上去的，明知对方是艾滋病患者或诈骗犯罪分子，一般人不会去盲目求欢，而爱情诗歌、舞蹈、绘画、司法保障、道德情操都是好色的升华与发展。

一个人为了理念，可以追求一辈子，可以牺牲自己的一切——包括色欲，可以忍受常人难以忍受的痛苦。我们完全可以断定，好仁比好色更长久，更理性，更不惜一切代价，更能充实与架构一个人、一群人、后几代人的一生。

子曰："已矣乎！吾未见好德如好色者也。"（卫灵公篇第十五）

孔子说："算了吧，我就没见过像好女色一样倾心德行的人哪！"

义理，是人生的主题思想

义，对于孔子与孔子希望出现的君子来说，是义理，是人生的主题思想，是做人与做官的根本原则，是君子看得比眼前的“利”高得多的高峰，是接近于终极眷顾的精神与人生提升。对于小人、小民们来说，则最多是义气，多指一种横向的相帮相助、相爱相护，是小民们一种本能与互助心态。

还有，义与小慧、小惠（总觉得小慧不应该只是小聪明的意思，而应该至少同时是小恩小惠的意思）的关系，至少不是截然对立。人民利益无小事嘛。

公共管理，有的与义、与大道理、与意识形态密切相关，有的则是纯粹的管理与行政，如交通、绿化、度量衡、卫生防疫……如果说言不及义是一种见识卑微的表现的话，那言必吹义也是一种大而无当、大言欺世的假大空套话的灾变。这样的事态可能在孔子当年还没有发生过，孔子还没有过这样的经验，所以他只讲了言不及义的坏处，没有讲言必称义、上纲泛滥的坏处。

子曰：“群居终日，言不及义，好行小慧，难矣哉！”（卫灵公篇第十五）

孔子说：“和一大堆人生活在一地，天天在一起，从来不谈论人生的真谛、做人的原则道理，不断地搞点小恩小惠、小伎俩和小招数，遇到这样的群体，还真难办了呢！”

坚守自己的理念原则

“君子固穷”也是名言，鲁迅小说中的主人公孔乙己就用过这话掩饰自己的狼狈艰难。这里的“固”字很妙，“固穷”既是压根儿就穷，也是固然穷，仍要如何如何地坚守。这有几分英雄主义的悲情，却因为穷得忒寒碜而让人联想起孔乙己的悲喜剧来。

坚守一个人的理念原则是不容易的，连孔子也有过这样穷途末路的遭遇。我辈有点挫折的经历，又算得了什么呢?

君子固穷，小人穷斯滥矣。（卫灵公篇第十五）

君子本来于物质上就是艰窘的，虽然艰窘，却能固守着自己的规矩礼法。小人遇到困窘的事态，那就不知道会变成什么样子了。

一以贯之的坚持

马克思回答女儿的提问时说到自己的特点是“目标始终如一”，真是英雄所见略同。

孔子不认为自己是以上知天文、下知地理、博闻强记、百科全书而著称的学问昆仑。他的一以贯之的自诩，与马克思的“目标始终如一”的自白，更符合一个实践家、活动家、思想家、仁人志士、意见领袖、人民导师（不仅仅是职业教师）的品质。

一以贯之，既是一个空间、结构的概念，又是一个时间、过程的概念。从结构角度看，孔子提倡文化、仁德、礼法、修齐治平，都以仁为核心，仁即是一，一以贯之就是以仁贯通一切，他的学问、思想、议论贯穿着仁这样一个主心骨，不像有些学富五车的人堆积了大量书本资讯，却并无自己的见解追求。从时序的角度看，孔子的一生，不论阴晴寒暑，不管成败利钝，日复一日，年复一年，始终坚守自己的理念，一以贯之，绵绵不绝。

子曰：“赐也，女以予为多学而识之者与？”对曰：“然，非与？”曰：“非也，予一以贯之。”（卫灵公篇第十五）

孔子说：“赐（子贡）呀，你认为我是一个学问大、知识全的人吗？”子贡回答说：“是啊，难道不是？”孔子说：“不是的，我的特点是始终如一、融会贯通（或抓住重点、统领全局）。”

道义才是崇高的标杆

一个真正的君子，不过分在意有生之年的荣华富贵、牛气逼人，而要考虑到后世后人对他可能的评价。拥有四千匹好马，当年的感觉和如今拥有四千套豪宅大概差不多。又当如何？何足挂齿？

孔子更重视的是道义影响，是精神层面的价值，是流芳百世，这确实是一个崇高的标杆。

问题是价值标准越高，实践实绩越难判断，倒是马匹、豪宅、存折的数量明确可数。庄子对伯夷、叔齐的判断就不是正面的。难矣哉，人的价值判断与价值追求哟！

齐景公有马千驷，死之日，民无德而称焉。伯夷、叔齐饿于首阳之下，民到于今称之。其斯之谓与？（季氏篇第十六）

齐景公养了四千匹好马，死的那一天，没有谁因之对他歌功颂德。伯夷与叔齐则是饿死在首阳山下的，老百姓到今天仍然称颂他。这说明，民人心中还是有自己的一杆秤的啊。

大道才是必经的门户

诸子百家都认为自己指出了明明白白的光明大道，是大道，也是唯一的毫无疑义的必经门户。人们，尤其是有权力者硬是不走大道，不走必经门户，而要走捷径乃至歪门邪道。包括孔子，何不想想你的道路指示有没有不实际、难操作的地方呢？

尤其是政治运作上，理想主义与现实主义，道德主义与实用主义，在野时的纲领理念与在朝时的权力法则，中间出现的分离，是太多太多了啊。

谁能出不由户？何莫由斯道也？（雍也篇第六）

谁能走出房舍而不经过门户呢？为什么他们不走我指出的大路呢？

士的理想是入世

士的理想是入世，参与改善社会政治。士希望能在明君圣君、贤相良相的领导下，在邦有道的大好形势下效劳，实现自我，名留青史，造福一方。可话说回来，既然有明圣之君、贤良之相，你去不去已经关系不大。问题是如果君相都有瑕疵，都有相当大的问题，但还没有坏到不可救药的地步，而且他们信任你，召请你，准备重用你，也就是说你有可能在他们的麾下做于国于民于己有利的事，有可能多少改善一下家国民人的处境与天下形势，至少能使不好的权力系统少干一点祸国殃民的事情，你干不干呢？干，你不只有危险，而且有辱清名，连子路也不理解你。不去，眼看着你的理想、仁心、报国之志与智慧才能闲置衰微败落，时不我与，岁不我待，一事无成，一人未助，白走人间一遭，你甘心吗？

谁知道孔子的困局？谁理解孔子的苦衷？谁知道什么叫作忍辱负重、顾全大局、勉为其难、不辞代价牺牲？

不曰坚乎，磨而不磷；不曰白乎，涅而不缁。（阳货篇第十七）

不是说过人应该坚强吗？坚强的东西不可能被外力磨成薄片。不是说过人应该洁白吗？洁白的东西不会被外物染上污黑。

坦率光明的出仕观

孔子在出仕的问题上坦率光明，他是为了使命抱负，不是为了一己的蝇头小利。

同时，不要忘记孔子讲的无道则愚、用行舍藏、不同条件下不同的富贵荣辱的道理。

子贡曰：“有美玉于斯，韫椟而藏诸？求善贾而沽诸？”子曰：“沽之哉！沽之哉！我待贾者也。”（子罕篇第九）

子贡问：“有一块美好的玉石在这里，是弄个匣子收藏起来，还是卖给善于做生意的商家好呢？”孔子说：“卖掉吧，卖掉吧。我就等待着识货的商家呢。”

不在其位，与闻其政

孔子说过“不在其位，不谋其政”，那说的是谋，是出谋划策，不在其位，少主动掺和为好。

在一定的圈子内，中国古代政治也有细腻精致的一面，有君有臣，有辅佐的君子，有谋其政的士，有与闻其政的社会贤达、知名士绅，等等。千万别以为古代中国政治只有杀杀杀，而另一种体制下只有妙妙妙。

其事也。如有政，虽不吾以，吾其与闻之。（子路篇第十三）

也就是一般事务吧。能让你晚退的事情如果是政治大事，虽然不涉及我的什么事，我总会与闻其事吧。

注重践行，永不放弃

孔子生活在乱世，春秋无义战，偏偏他在政治上是个理想主义者。如此也就罢了，偏偏他还不满足于研究学术与办教育，主张务实的中庸之道。他注重践行，注重“时习之”，他碰到过的纠结大概不少，他想的不仅仅是躲避危险与保全自身，不是像庄子提倡的那样去追求无用之用，而是永不放弃。

公山弗扰以费畔，召，子欲往。子路不说，曰：“末之也已，何必公山氏之之也？”子曰：“夫召我者，而岂徒哉？如有用我者，吾其为东周乎！”（阳货篇第十七）

公山弗扰在费地图谋造反，邀召孔子前去，孔子想去。子路很不高兴，说：“别去啦，何必到公山那边去呢？”孔子说：“既然召请我去，当然不是一句空话而已。如果给我机遇，我是要想办法复兴周的文化礼制的呀。”

正派与负责的选择

孔子深信古道正规，深信必须按照被历史考验、被历史完善，也是被历史承认了的礼法规矩办事才是正派与负责的选择。这与其说是略嫌保守，不如说是强调谨慎与历史责任。孔子的保守主义是厚重负责的思路占先。

孔子考虑得少的是如老子所讲的道的特点“大曰逝，逝曰远，远曰反”（《道德经》第二十五章），就是说所谓的直道，并非万古不变，而是不断扩张，不断流逝，不断走向自己的反面的。仅有坚守却没有因应与创新，仅有直道却没有迂回与曲折，是不能“而行”的。

子曰：“吾之于人也，谁毁谁誉？如有所誉者，其有所试矣。斯民也，三代之所以直道而行也。”（卫灵公篇第十五）

孔子说：“我说起古人来，对谁是责备，对谁是称颂呢？如果我称颂了谁，那一定是有所考察权衡的。这些老百姓啊，夏商周以来，就是本着这样的正道走过来的呀。”

做人要仗义直为

孔子一生奔波劳碌有之，他老也是世事洞明、人情练达。对于清高隐居、酸溜溜地自恋自吹并贬低他人的人，孔子不大相信。这样的人而又仗义能为，最终会实现自己的伟大理念？孔子更不相信。但孔子也不想得罪这类人，便委婉地说什么这样的说法与宣示确实是有的，未置可否；这样的说法或不无美善处，可惜的是压根儿没见过。几千年后，吾辈见过的恐怕也很有限。

隐居以求其志，行义以达其道。吾闻其语矣，未见其人也。（季氏篇第十六）

至于说用退避隐居来彰显自己的志趣主张，用义行来落实自己的大道理，我听到过这样的说法，却没有见到过这样做的人。

好事要抢着干

好事要抢着干。当仁不让，已经成为形容敢于担当的家喻户晓的成语。

当仁，不让于师。（卫灵公篇第十五）

应当行仁行善的时候，即使是与老师在一起，也不必谦让。

不辱使命，然后辞让

多么可爱，孔子不是人家说他胖他就喘，不是抓住机会就吹嘘显摆。他不承认任何夸张忽悠，而是从最平常、最基础、最切实处说事，“少也贱，故多能鄙事”，合情合理，稀松平常，艺不压身，多乎哉不多也，淡定中显示了伟大的诚恳与谦虚、清醒与温和。他是做得到老子提倡的“上善若水”的。老子当然是大思想家，但他自己的文风并不若水，而是若高天、飓风、惊雷、闪电。恰恰是孔子提供了一个亲切自然、人情人理的老师形象。与老子比，孔子可以不算太了不起的思想家，但他确是万世师表，是良师益友，是水源与清爽的空气。

孔子不认为自己是圣人，更有意地用平常心谈论自己。他自认为不是圣人，却是一个有不同使命感的人，是一个大人物，有大期许、大使命、大境界、大理念、大自信、大自命、大气派。然后，可以谦虚，可以辞让，可以心安理得地讲自己的“少也贱”“吾不试”“非生而知之者”了。

后来，圣人的定位是历史造成的，孔子当然是被高度认同的中华圣人第一。

太宰知我乎？吾少也贱，故多能鄙事。君子多乎哉？不多也。（子罕篇第九）

太宰对我能理解多少呢？我从小生活在下层，所以学了好多底层百姓从事的事。君子会视这些东西为多余吗？不会的，不嫌多。

“郁郁乎文哉”可以服人

以射箭为例，孔子主张事物可以分科分类，比赛可以有不同的门类。扩而广之，人有各类，业有专攻，事有多种，不能用单一的标准、单一的价值规范来衡量一切。

也可以想想，射箭并不仅是赛膂力，更要赛准确与精巧，赛可持续连发等，所以不必“主皮”。整体说来，孔子不赞成以力服人，而主张尽力以仁心、以礼仪、以精准、以文化、以“郁郁乎文哉”服人。

射不主皮，为力不同科，古之道也。（八佾篇第三）

射箭好不好不在于是不是箭穿靶皮，原因是自古以来，人们就明白了一个道理，用力大小不同，在射箭上有不同的功夫、不同的路数，不能混为一谈。

自信自命的底气

孔子有一种使命感，认为他的命运遭遇下场不仅仅是他个人的事，也是家国大事、历史大事、天地大事。这一点，在《论语》中屡有流露，孔子绝不自谦。他认定，有某种更巨大、更根本、更重要，而尚未弄清的法则、天意、天命，有某种形而上的东西在起作用，在主宰着他的命运。在这里纠缠于孔子是否是有神论没有太大的意义。人，尤其是一个士、一个读书人、一个学人，他不可能没有终极关怀、终极考问、终极期盼即终极愿望。这个终极，宗教徒认为是自己信奉的神祇，唯物论者认为是物质世界的规律，唯心论者认为是精神，历史唯物主义认为是历史规律，老子认为是道，孔子认为是道或仁，孟子认为是义，拜火教认为是火。反正一个个体并不仅仅是一个独立孤立的个体，他与世界、与自然、与天地、与冥冥中的某种法则或力量联结着、互动着。这样，他个人的遭遇就不完全是他个人的事情，他可以、他不免寄希望于最高最大最强的终极。甚至，我们可以说，哪怕他是悲观主义、颓废主义、机会主义、享乐主义者，他也仍然有所寄托，他寄托的可能是撞大运，可能是得过且过，可能是活着干死算了，可能是醉生梦死……当然，他们也没有孔子与一切天降大任的人物的底气。

当然，理念也是信仰，但又不仅仅是信仰，也是通向真理的过渡，是智慧，是善良，是光明与温暖。

正是在孔子遇难之时，他的底气、他的自信自命、他的强大无比的一面显露无遗。

天之未丧斯文也，匡人其如予何？（子罕篇第九）

只要天意不是要灭绝斯文的话，也就不怕匡人会把我怎么样了。

君子治人，小人治于人

只要做到好礼、好义、好信，不种庄稼也能诸事顺遂。这有点可爱，也有点可悲，还有点可叹。

孔子的用意在于君子与小人、治人与治于人的社会分工。你是君子，你属于治人即权力系统或候补权力系统，你的任务是礼、义、信，以德治国。你是小人百姓，你的任务才是农、工、商。这在当时是一种主流思路。

上好礼，则民莫敢不敬；上好义，则民莫敢不服；上好信，则民莫敢不用情。（子路篇第十三）

上边推崇礼法，民人不敢不恭敬小心；上边主持正义，民人不敢不服；上边重视诚信，民人不敢不陈述实情。

君子谋道不谋食

孔子教学，是为了培养君子，培养合格的权力系统中人、合格的上等人。所以，他告诫学生们，以农耕求食，犹有饥饿的危险；而以天道、孝悌忠信之道、修齐治平之道去辅佐君王重臣，教化黎民百姓，何愁温饱之虞？

当然，这只是一面理，与后世的，尤其是社会主义的劳工神圣、贫下中农伟大的学说有所抵牾。

君子谋道不谋食。耕也，馁在其中矣；学也，禄在其中矣。君子忧道不忧贫。（卫灵公篇第十五）

君子把精力集中在践行天道、纠正无道上，而不是一味操心衣食这一类初级的物质需要。就算你去耕田种地，你照样有陷于冻饿的危险哟。而能好好地学习，（掌握大道，）你自然就会得到俸禄。所以说，君子操心的是道，不是贫穷。

狂者进取，狷者有所不为

中华智者、才人、自命不凡与半疯半傻的人，他们对于没落世道的体会与预言太多太多了，对于封建王朝的此起彼伏、兴衰无常的悲剧感与无奈感太多太多了。智者、才人对于世道的衰颓比他人更加敏感，不能说，也不能不说。不敢说，憋在心里，不疯也得疯，不狂也得狂。尤其是他们自以为胸怀救世救国救民救朝廷之道，而他们伟大的起死回生之道得不到接纳、得不到认同，弄不好由于他们救亡的心太切，理论高而空，姿态又是那么高屋建瓴、指点江山，不免触怒权力系统，常常以本人掉脑袋收场，如果不是满门抄斩的话。于是，狂狷与被狂狷、秀狂狷，就成了一种模式，一种行为艺术，更是一种沉重的悲哀。

国人还喜欢特殊人物、怪人、与正常逻辑背道而驰的人物。作战，一般怕遇到僧道、女流、残疾人或儿童；听歌听音听说话，遇到狂人，孔子也要让他三分，敬他两分。

楚狂接舆歌而过孔子曰：“凤兮！凤兮！何德之衰？往者不可谏，来者犹可追。已而，已而！今之从政者殆而！”孔子下，欲与之言。趋而辟之，不得与之言。（微子篇第十八）

楚国的狂狷人士接舆唱着歌走过孔子的车子，他唱道：“凤凰啊，

凤凰啊，为什么如今的世道这样衰颓？过去的一切已经无法再批评什么，未来呢？未来明明应该带来更好的图景！算了吧，算了吧，如今的从政者正在堕入险境喽！”孔子从车上下来，想与接舆交谈。接舆躲避疾走而去，孔子没有得到机会与之交谈。

宁可不做，不能尸位素餐

孔子做事有自己的理念，宁可不做，不能尸位素餐。

齐人归女乐，季桓子受之，三日不朝，孔子行。（微子篇第十八）

齐国给鲁大夫季桓子赠送了一批歌女，季桓子接受以后三天不上朝理政，孔子就离去了。

第三章

王道的逻辑：修齐治平与内圣外王

治国的道理

有大道理，有小道理。邦国无道，必将灭亡，这是大道理，但是大道理也还有一个应验的时间过程。国有人才，就有更多的存活可能、推迟败亡的可能，这是小道理，小道理也照样管用。有时候大道理应验的条件已经成熟，再有多少小道理也没有作用，如明思宗朱由检十分勤政，没用的，因为明朝的气数已尽。气数已尽也是大道理，是综合性、宿命性的道理。有时候小道理拖延着大道理的应验，如卫灵公手下有三名良臣。有时候小道理与大道理合谋，使事情发展得极快，如贾府的几个爷们儿的腐恶记录，王熙凤的造孽，入不敷出的财政危机，其实是小道理，但与盛极必衰的大道理、渐失宠信趋势的大道理、养尊处优的封建贵族一天天烂下去的大道理结合起来，贾府说垮就一败涂地了。

子言卫灵公之无道也，康子曰："夫如是，奚而不丧？"孔子曰："仲叔圉治宾客，祝鮀治宗庙，王孙贾治军旅。夫如是，奚其丧？"（宪问篇第十四）

孔子讲卫灵公暴虐无道，季康子说："如果他是像您说的那样一个无道昏君，为什么他并没有灭亡呢？"孔子说："他有仲叔圉主持外交，有祝鮀管理宗庙大典，有王孙贾给他治理军队。有这样的贤臣，怎么会灭亡呢？"

治天下，也是治自己

《论语》的重点与其说是在治天下，不如说是在于做人，治自己。志趣中求道，行为上积德修好，心中充满仁爱，手头有活儿。

志于道，据于德，依于仁，游于艺。（述而篇第七）

（我或人们的一生一世，应该是）志向在于大道，根基在于德行，依仗在于仁爱，愉悦在于六艺。

“正”是治国的前提

以正治国（以奇用兵），这也正是老子的思想。老想着以奇治国，结果是适得其反，这是中国历代权力主持者应该吸取的教训。以自己之正来消除邪恶，这也是很好的想法，但还不够，因为邪恶也可能来自外患或历史遗存隐患，不是你一正就消除得了的。

还有就是正当还是奇特，正义还是邪恶，并不像黑白颜色那样易于分辨，特别是在历史巨变的关头，遗老派、顽固派、复古派、教条派、原教旨派都会祭出浩然正气的旗号。

一个“正”字不可能包治百病，却是治好病的前提与起步，从这个意义上理解，孔子此言大好！

政者，正也。子帅以正，孰敢不正？（颜渊篇第十二）

政治，首先要求的是端端正正、正直正义。你能率先做到正直正义，谁还敢不正直、不正义？

修身是治国平天下的关键

把修身视为治国平天下的关键乃至全部，这在言语上是可以发挥推演的。尧舜做得也不算完美，可能说明了“修己以安百姓”的标准是一个高标准，但也可能说明“修己以安人”的说法玄虚了些，以简单的操作去攀登高耸入云的标杆，本来就难于做到。

至于将“修身”与“敬”当作君子的首要要求，这个说法简明有力，给人以教益。

修己以安百姓，尧舜其犹病诸。（宪问篇第十四）

修好自身，安定百姓，只怕尧舜做得还不完善呢。

求仁才能得仁

中心仍然是民心、民意问题，权力系统追求的与老百姓的需求脱了钩，你的惠——福利项目，到了民人那里，反倒是糟蹋财产、铺张浪费。你的辛劳，反而成了民人的苦水，只能收获抱怨。而如果权力系统能够成为求仁得仁的榜样，整个社会还能有什么贪赃枉法、贪腐败坏呢？

因民之所利而利之，斯不亦惠而不费乎？择可劳而劳之，又谁怨？欲仁而得仁，又焉贪？（尧曰篇第二十）

顺应民人的利益所在而使之得利，这不就是惠而不铺张、不高调、不浪费吗？选择值得花力气、值得花费劳动力的事去辛苦去使用劳役，又有谁会抱怨呢？追求仁便得到仁，你还贪求些什么？

从聚拢人气做起

一个朝代开始，一个君王登基，先要从聚拢人气做起。人气聚拢了，指挥有效了，需要注意的是纯朴和谐、简单明快，少折腾，少生事，少无事生非。有舒缓也有紧迫，有连绵也有节拍，才能够实现长治久安。

乐其可知也：始作，翕如也；从之，纯如也，皦如也，绎如也，以成。（八佾篇第三）

音乐是可以听懂的：开始的时候，要注意收拢凝聚起各种乐器的声响；接着要演奏得纯净和谐、节奏分明、发展延续，那就对了。

拨乱反正的核心是收拾民心

拨乱反正的核心是收拾民心，古今中外，莫不如此。“兴灭国，继绝世，举逸民”的说法感人则感人矣，却也反映了权力与政治社会乃至经济资源的高度集中。只有高度集权化的社会，才那么容易出现灭国、绝世、逸民，在那儿叫苦连天地等着圣人圣君的兴、继、举。悲夫！

谨权量，审法度，修废官，四方之政行焉。兴灭国，继绝世，举逸民，天下之民归心焉。（尧曰篇第二十）

（当政者、君王）要谨慎地校准度量衡，要审核法律规章，要修复调整使被废弃而失灵的官事公务回到轨道上来，然后四方政令通畅，管理有效。使灭亡了的邦国格局恢复并且兴旺起来，使已经断绝了的重要人物家族脉系得以延续下去，举荐那些已经被边缘化了的前朝人才，天下民人从而归心归顺于你。

执政有道，国家才会安稳平和

孔子主张适当地集中权力，同时强调秩序。秩序离不开名分与职位，有啥名份、啥职位，您就干啥事。这样，当然天子最高，权力最集中，诸侯次之，大夫更次之，陪臣尤其次之。

自古就有陪臣专权的事情。原因是真正有名分的大人物——天子、诸侯、大夫可能有老病、无能、失去人心、偏执、不相信执政班子而宁相信佞臣等情况。一遇到陪臣当政的事情出现，这个国家的日子就难熬了。

天下有道，则政不在大夫。天下有道，则庶人不议。（季氏篇第十六）

天下有章法走正道，大夫就不能专权而君王掌权。天下有章法走正道，老百姓也就不会议论纷纷，从而小道消息满天飞了。

为政的素质和要求

不仅要以身作则，而且要思考在先、谋划在先、准备在先，用今天的说法就是多有预案。否则，你什么都是临时反应、短线操作，你能执什么政？再就是要让人民也动起来、干起来、奋斗起来。无论何时，你对人民要有所号召、有所动员、有所组织，不能让人民空闲、失落。离开人民的响应与信服，你一君数臣，能干成啥事？

为政是容易疲倦的，因为艰难，可能屡战屡不胜，可能事与愿违，可能天灾人祸，可能上当受骗，可能是邪恶横空出世，可能祸起萧墙、有成绩被嫉妒、没成绩被污辱，可能远远不如空谈旁观舒适清高。你想干这一行吗？你能坚持得下去吗？

子路问政。子曰："先之，劳之。"请益。曰："无倦。"（子路篇第十三）

子路向孔子请教政务。孔子说："一个是要走在百姓前面，要在前头做出样子；一个是要发动、组织、率领大家来劳动干活奋斗。"子路请孔子再多讲一点。孔子说："要始终如一地不知疲倦地持续干下去。"

为政者需要时刻端正自身

在中国古代，帝王的日子并不好过，他们也远非想做什么就能做什么。除了内忧外患以外，他们多多少少、真真假假地接受了儒家思想的臣子与民众对于帝王的道德要求。对他们的身先要正的要求，客观上起着文化监督的作用。

苟正其身矣，于从政乎何有？不能正其身，如正人何？（子路篇第十三）

如果能够做到端正自身，从事政务活动又有什么可说的呢？如果自身做不到端端正正，你又能纠正端正哪一个呢？

政务首先是众务

忽悠得云山雾罩的、高耸入云的，雄辩得死去活来的，复杂得背三天都背不下来的，都不是成功的政务管理，因为政务首先是众务。

反过来说，如果您管理政务的结果是怨声载道、郁闷哀叹、叛逃事件层出不穷，那该转转弯子了。

当然，也要考虑到另一方面，随着对于民主政治的重视与舆论开放，“近者”有了更多的机会评头论足、指责抱怨，也可能显露出噪声一片的风景和把各种声音与情绪释放出来的后果，可能比被喜悦、被歌功颂德、被拥护得忘乎所以的后果好得多。

至于境外的人让他归附，目前似不必有此思路。未发现当今哪个国家着意吸引移民，倒是都注意防备拖儿带女的偷渡。

近者说，远者来。（子路篇第十三）

境内的人要做到让他们高兴，境外的人要做到让他们归附前来。

君王需要有德有度

问题在于权力的逻辑与真理的标准有时不匹配、不吻合。权力要求的是服从，不服从等于没有权力。那么，权力喜服，按眼前功利的标准，那就会是喜佞喜枉，只有佞与枉才永远服得你舒服满足、通体爽泰。而正直者，不可能时时事事与权力高度地一致，咋办？孔子说的是，臣子服了，君王舒坦了，百姓可能不服；臣子是刺头，敢说君王，听了不舒坦的话，如果君王有德有度，如果君王纳得进逆耳忠言，而且重用忠义之士，那么老百姓才真正信赖、崇拜并紧跟君王前进。

举直错诸枉，则民服；举枉错诸直，则民不服。（为政篇第二）

提拔推举正直的人，以取代矫饰的佞人，老百姓就服气了；反过来说，如果是提拔推举曲里拐弯的佞人，以取代正直不阿的好人，那么老百姓是不会认同与服气的。

君臣父子之道

第一，孔子主张秩序，主张尊卑长幼的划分，不主张平等也不相信君臣父子间能够平等。

第二，孔子主张全面的、双向或多向的道德规范、行为规范与文化监督。虽然君在上、臣在下，但臣不是无条件地服从君。首先是君必须像个君，君必须各方面合格合理合德合礼，君应该努力做一个明君、仁君、圣君，绝对不可以做一个昏君、暴君及无道、伤天害理、天怒人怨之君。然后，臣当然也必须各方面合乎要求，做一个忠臣、贤臣、谋臣乃至托孤之臣，切不可成为佞臣、奸臣、乱臣贼子。父要做一个严父、慈父、榜样之父、循循善诱之父，不可做一个不负责任、不教子、不成器的尴尬之父；子才能成为一个孝子、好儿子，而不是逆子、不肖之子。夫妻、兄弟、朋友、师生之间的关系亦然。

第三，孔子的观点是秩序、文化、道德、和谐、稳定高于发展与富足。秩序没了，世道人心坏了，政权丢了，邦国亡了，再发展与富足也没有用。看来，“卫星上天，红旗（或礼义）落地”的忧患意识，古已有之。

第四，孔子的正名思想十分重要。不同的名分，不仅具有语义学上的意义，也具有区分、明辨、秩序、治国、平天下方面的重大作用。权力系统注意名分，根据名分决定优劣、薄厚、高低的处置与对待，乃构建了以名分为根据的秩序规范。这与现代资本主义社会以选票、财产、学历、继承、法律、契约规范行为，确定权利与义务的思路有所不同。

最后，近代以来，对西方文明东渐持坚拒态度的人士抨击西方的一个主要理由是说彼人“无父无君”。这也是事出有因，查无实据。从“德育”内容上看，西方可能没有讲那么多君臣父子，但他们有另外的思路，靠基督教、靠体制、靠法制运作处理有关事宜。他们的君臣父子关系并不像咱们有些人想象得那么恶劣，他们仍然有甜蜜的家庭、忠良的臣子、贤明的君王。

君君，臣臣，父父，子子。（颜渊篇第十二）

为政的主轴是君王要符合君王的规范，履行君王的职责任务；臣子要符合臣子的规范，履行臣子的职责任务；父亲要符合父亲的规范，履行父亲的责任与义务；儿子要符合儿子的规范，履行儿子的责任与义务。

维护秩序，要从君王与大臣做起

礼的核心是尊卑长幼。维护秩序，要从君王与大臣做起。

在夺取政权的时候闹点游击习气，是难免的。执政了，必须讲究礼法规矩。这就是老子所说的“以正治国，以奇用兵，以无事取天下”（《道德经》第五十七章）。

上好礼，则民易使也。（宪问篇第十四）

在上位的人重视礼法，老百姓也就好管理了。

合法性的标准与原则

世或代，指三十年，此说中外相同，所以我们讲“三十年河东，三十年河西”。

乱世、无道之邦的特点之一是发生权力转移，权力失其位、失其名分、失其依据，从而失掉了合法性。可能是后宫专权，可能是宦官专权，可能是宠臣专权，可能是教派、会道门、方士专权，也可能是大臣“功高镇主”，而君王则昏庸懦弱、耽于莫名其妙的他务如炼丹方术与女色等。中华人民共和国史上也有类似的教训，例如“文化大革命”的十年间，党政瘫痪，军队也运行不畅，弄了几个政治投机者呼风唤雨，岂有不误之理？

禄之去公室五世矣，政逮于大夫四世矣，故夫三桓之子孙微矣。（季氏篇第十六）

在鲁国，公室失去应有的待遇与权力已历经五代了，政事由大夫做主已经四代了，所以桓公的三房子孙也就走向式微了。

人民才是国家的基础

民富是国富的基础，民强是国强的前提，其实这个道理孔子在两千五百年前就讲过了。在某些特殊情况下，如全面战争时期，权力系统难免会采取减少民用消费，让百姓勒紧裤带，集中力量求得战争胜利，避免成为战败国的方针。这时，动员力量、组织力量、舍己为公的精神，都事关民族和国家的生死存亡。但长期搞国强民穷的方针，是行不通的。道理并不复杂，孔子已经讲得很清楚。怕的是权力系统急功近利、杀鸡取卵、竭泽而渔、鼠目寸光，最后害了百姓，自然也害了邦国与君主。

百姓足，君孰与不足？百姓不足，君孰与足？（颜渊篇第十二）

一个邦国里，老百姓富足了，君王哪儿会不富足呢？而如果百姓们缺吃少穿，君王又上哪儿富足呢？

身教胜于言教，示范胜于管束

你认真端庄，说明你拿百姓当事儿，拿自己的权力与责任当事儿，绝不吊儿郎当。一脸的正儿八经与浩然之气，谁还敢跟你玩起哄打岔？你对家人对朋友又孝又亲，情义深长，培养起了忠孝仁义之情，谁还敢漠不关心、偷奸耍滑，自绝于亲朋权贵，自绝于主流价值、主流社会？你为百姓树立正反榜样标杆，赏功罚过，谁还能不循善避恶？

反过来说，百姓的问题，上边难逃其责。百姓油嘴滑舌，是老爷们满嘴跑舌头、不兑现、不正视、不履行闹的。百姓乖戾忤逆，是老爷们不爱民、不惜力、不团结、不友爱闹的。百姓不抑恶扬善，是老爷们不分是非善恶闹的。

这里已经包含着身教胜于言教、示范胜于管束的意思。

临之以庄，则敬；孝慈，则忠；举善而教不能，则劝。（为政篇第二）

在老百姓面前，上边的人做到庄重认真，老百姓也就尊敬你了，全国也就没有谁敢轻忽长上了；提倡孝顺父母、慈爱仁义，老百姓就忠实效力了；对老百姓表彰提拔好样的、教化滞后的，老百姓就互相勉励上进了。

做好表率，是最好的法令

各朝各代，虽经三令五申，仍然无人听从落实的事情还是太多了。例如，提倡节约俭朴，从未听说过哪个君王、哪个大官下令提倡铺张浪费的，但铺张浪费的记录仍然极多。这与上边的大人物自己有无起表率作用关系极大。个中教训，岂容轻忽？

除了上面人士的表率与身教作用以外，也与制度、法令有关，否则仅仅靠言说提倡，仍然是千疮百孔，到处漫延歪风邪气。

其身正，不令而行；其身不正，虽令不从。（子路篇第十三）

（权力系统的人）本身言行举止端正正直，他的主张不下命令也能推行；如果本身不正派，下多少命令也推行不了什么事情。

以身作则，提升自己的公信力

君王要有信用，百姓才有信任；权力系统只有保持信誉，民人才能对你信服；官员言行信实，百姓对本邦本国才有信赖；士农工商都讲诚信，社会才能有效运转，才能国泰民安，而其前提是君王、大臣们以身作则，成为诚信的典范。

诚信立国，信义立国，这个思想值得温习。原因是权力系统掌握着大量社会资源，为了堵漏洞、聚人气，他们有时忽悠一下百姓，如夸张一下自己的成绩，贬损一下对立面的表现，完全可能取得一时的效益，但最终影响的是自己的公信力，失信屡屡，会弄个病人膏肓、不可救药。孔子对于信的强调，语重心长。

自古皆有死，民无信不立。（颜渊篇第十二）

自古人皆有死，去了粮食当然会死，但如果民人丢掉了信赖，国君失去了信誉，这个邦国就当真是万劫不复了。

做事事垂范的教师与榜样

以德治国，重在教化，掌握权柄的人不仅是生杀予夺的头人，而且应该是事事垂范的教师与榜样，这是中华文化一个有特色的主张。但“笃于亲”与“故旧不遗”，几千年下来，出现了败落腐朽的征兆，情面文化的过分发达，达到的不是普遍的仁爱，而是圈子的利益占有，反而会形成纲纪的松弛与认真精神的缺乏。

君子笃于亲，则民兴于仁；故旧不遗，则民不偷。（泰伯篇第八）

（上层的、协力于权力系统的）君子做到了对于亲友的挚爱敦厚，老百姓也就渐渐养成了仁爱提携的风气；君子不忘记照顾故旧，老百姓也就不会对人冷漠。

调子不要定得太高

政治上的调子太高了，歌功颂德的语言太煽情了，事物就会开始走向反面。老子早就指出了这一点："物壮则老，是谓不道。"（《道德经》第三十章）

大哉尧之为君也！巍巍乎！唯天为大，唯尧则之。荡荡乎！民无能名焉。巍巍乎其有成功也，焕乎其有文章！（泰伯篇第八）

尧当皇帝当得是多么伟大呀！高尚伟大，谁也赶不上苍天！只有尧，他的行为是按照天道走的。阔大雄浑，无所不有！民人找不到词来形容他的伟大。他的成就像高山一样宏伟，他的光彩像文章（大自然的纹络）一样壮丽！

万方有罪，罪在朕躬

即使当了或即将担任帝王，都是战战兢兢，如临深渊，如履薄冰。他们强调的是，出了问题，将是“四海困穷，天禄永终”，是不敢赦免、不可遮掩的。他们强调的是“万方有罪，罪在朕躬”，是“百姓有过，在予一人”。这很有分量，很感人。

这说明古代中华文化已经很注意给权力系统施加道德压力，说明早在往昔，“为政以德”的观念已经出现在神州大地——可能这些说法早已确立，孔子（或整理《论语》的孔门弟子）引用它们是为了要求回到前周朝的优良传统。也可能这些说法正在泯灭，一面引用一面修补，甚至是一面编撰一面托古而使用之。

朕躬有罪，无以万方；万方有罪，罪在朕躬。（尧曰篇第二十）

我有罪过，不干四面八方的事；四面八方有了罪孽，罪责则全在我身上。

认真地省察自身

能做事固然好，能做人就更深邃，内心的要求是无限的，内心的标准是至高的。但是这里也有一个问题，仁爱、仁德、仁人的标准就是那样的高不可攀吗？不是有另一面吗？不是能够孝悌就能够做良民的吗？《论语》的后几章里也有把仁说得相当简明亲切的语录。

仁，对于孔子，首先是对于权力系统即治人系统人员的要求，是对于古代“领导”的要求，无怪乎不能轻易下肯定的判语。

那么今天呢？今天的君子、领导，有谁能够认真地省察自身，敢于宣布知道或不知道自己的仁或不仁呢？

孟武伯问：“子路仁乎？”子曰：“不知也。”又问。子曰：“由也，千乘之国，可使治其赋也，不知其仁也。”“求也何如？”子曰：“求也，千室之邑，百乘之家，可使为之宰也，不知其仁也。”“赤也何如？”子曰：“赤也，束带立于朝，可使与宾客言也，不知其仁也。”（公冶长篇第五）

孟武伯问孔子：“子路这个人算是仁人吗？”孔子说：“不好说。”又接着问。孔子说：“仲由（字子路）这个人，在一个有着一千辆兵车的大国，他可以管理兵赋行政，但是我不能肯定他是不是一个仁人。”

再问："那么冉求呢？"孔子说："一个有千数户、上百辆兵车的地区，冉求可以当行政头目，但是我也不能肯定他是不是一个仁人。"再问："那么，公西赤这人怎么样呢？"孔子说："这个公西赤呀，可以穿上正装，站立在朝廷之上，接待来访的国宾，但是我不能肯定他是不是一个仁人。"

己欲立而立人，己欲达而达人

有的人，孔子似乎很吝啬给他们以仁的评价，那多是一些在权力系统做事当差，显示了才干、做出了成绩的人。给万民带来好处的精神与实践，孔子会毫不犹豫地予以肯定，激动之状如在目前。从这里可以看出孔子的重民亲民思想，发展到今天就是为人民服务的思想。而著名的“己欲立而立人，己欲达而达人”的提法，甚至让人想起共同富裕、均富、社会主义、集体主义等现当代的说法。中国梦、世界梦、人类梦……并不是半路上杀出来的程咬金，而是盖有年矣，源远流长，一脉相承。

孔子注意心术、心功、内功，但也注意实践、实习，从切近处做起。你追求仁吗？太好了，那就从给百姓带来好处做起。这里的“仁”，更多的是指仁政。这里的“譬”，则带有树典型、做榜样的含义，而不仅是一个修辞学范畴。

己欲立而立人，己欲达而达人。能近取譬，可谓仁之方也已。（雍也篇第六）

自己希望能够自立，那就帮助众人做到自立；自己希望有所发达，那就帮助众人发达。从眼前切近的事情做起，完成范例榜样，这正是仁的方向与原则啊。

少说大话

孔子早就发现了，大言欺世的结果是为世所弃，高调忽悠的结果是丧失公信力。尤其是执政系统，少说大话为妙。在野的时候，你的大话是将执政者的军；你上了台，高调大言，是将自己的军，出自己的洋相。

其言之不怍，则为之也难。（宪问篇第十四）

一个人说话太冲，大言不惭，落实起来就困难了。

先天下之忧而忧

孔子之忧是为天下而忧，是后世范仲淹的“先天下之忧而忧”的源头，是对权力中人尤其是君王大臣的忠告：想想吧，你们的“天下”，首先是你们权力中人做没做到德修、学讲、义徙、善改呢?

世风日下，人心不古。几千年来，神州大地上这样的忧虑从来没有停止过。至今，孔子“忧也”的这几条，也不像有什么根本性的变化，咱们仍然与孔子同忧。

这说明改造人、培养新人、培养骨干与接班人，这样的修德徙义、灵魂工程，比打仗、建设、GDP 增长、呼风唤雨等轰轰烈烈的丰功伟业更难。仅仅靠道德讲授来提高素质、造就人品，收效有限。只有把品德教育和发展生产力，调整生产关系，完善体制建设、法制建设、公共管理，提高文化层次结合起来，才能有效，才能改变孔子传下来的两千年之忧。

当然，如果经济建设、改善民生、发展是硬道理已经获得高度认同，民主法制、科学管理也已经摆放在议事日程上，如果在社会转型时期出现了某种价值困惑与信仰迷失，如果上上下下都显示了德之不修的警示，此时我们回顾一下几千年来已经深入人心的道德主义、教化主义、仁政主义与劝学传统，充分挖掘开拓我们民族的精神资源，使之与现代文明接轨，正是说到了点子上。

德之不修，学之不讲，闻义不能徙，不善不能改，是吾忧也。（述而篇第七）

不下功夫修为道德仁义，不讲求学习提高扩充，懂得了道理却不去践行，知道了什么地方不好却不去改掉，这是我所忧虑的啊。

自“上”而“下”的道理

《道德经》第七十五章有云：“民之饥，以其上食税之多，是以饥。民之难治，以其上之有为，是以难治。民之轻死，以其上求生之厚，是以轻死。”总之，民人中出现的问题都是由于统治者的贪欲、愚蠢与折腾造成的。

苟子之不欲，虽赏之不窃。（颜渊篇第十二）

如果你自己放弃对于物质的贪欲，即使你因盗行赏，也没有人肯去盗窃。

由内及外的方法

孔子的主张是由内及外，哪一层级也不能马虎。首先是仁，不仁什么都保不住，因为不仁就得不到拥戴与亲和之情，你的知识再高、智慧再强也站不住脚。历史上与现实中，有才无德，名人出丑、大人物失败的例证很多。有了仁爱，没有脚踏实地地细致做事，也是瞎掰，也最多是妇人之仁。许多亡国之君、垮台之臣、空谈之士就是这样。既有仁爱，又有智慧，还有认真的态度，自然会表现在外表上，彬彬有礼，有序，有规范，也有风度。由内及外，层层完美，那就是真的完美主义了。

子曰：“知及之，仁不能守之，虽得之，必失之。知及之，仁能守之，不庄以莅之，则民不敬。知及之，仁能守之，庄以莅之，动之不以礼，未善也。”（卫灵公篇第十五）

孔子说：“靠知识与智慧达到的成就，如果没有仁爱之心加以保持守护，虽然得到了成就，仍然必定会失去。有了以知识与智慧获得的成就，有了仁爱之心来保持自己的成就与形象，如果不能够做到庄重谨慎地对待一切事务与民人，老百姓就会轻慢马虎、不知敬畏（仍然做不到邦国有道）。既有智慧知识，又有仁爱之心的保持，并能庄重谨慎地做好一切事宜，但行动不合礼法规范，仍然是做得不够好啊。”

让自我的选择成为一种美德

孔子口中的夏禹有三条美德：第一条是看待祖先比看待后人为重，第二条是看待礼仪比看待本人的享受为重，第三条是看待民人公众事务比看待自己的排场威风为重。这三条虽然不能照搬，但是至今仍有研讨学习的必要。今天的领导人，同样要考虑尊重先辈、前辈与传统的问题，一心为公为民、少搞楼堂馆所的问题，多搞公务活动的应有礼仪与个人生活的简朴化问题。

菲饮食，而致孝乎鬼神；恶衣服，而致美乎黻冕；卑宫室，而尽力乎沟洫。禹，吾无间然矣。（泰伯篇第八）

他自己吃得很菲薄，却堂皇地祭奠祖先；他穿得很粗劣，但冠冕礼服很讲究；他的宫室是低标准的，但到处兴修水利。禹啊，我对你没有什么难以认同的喽。

敬畏尊严很重要

敬、尊重，在孔子的学说里很重要，在走向现代化，走向自由、民主、法治、和谐、富强、发展的今天同样重要。正是现代社会，日益强调人的尊严。国家与人民都需要富足发达，需要自卫能力，需要文明进步，也都需要尊严。可惜的是许多历史时期，权力系统不懂得尊重人民、尊重科学、尊重真理、尊重传统与世界的文明果实。

出门如见大宾，使民如承大祭。（颜渊篇第十二）

出门在外，见到谁都要恭恭敬敬，如同对待要客；役使管理百姓如同组织盛典大礼，也要恭敬严谨、一丝不苟。

认识道德章法的重要性

惩办坏人与犯罪，是公安部门、检察部门、司法部门的任务，不等于办的案子越多，你的成绩就越大。大量的犯罪案件，其产生原因值得深思，至少原因之一是“散”，即凝聚力缺乏，制度不严密，漏洞随处可见，教育防范工作有待加强，体制性弊端亟待采取有力措施加以改进。

这个说法，还令我想起老子的一个说法，战事胜利了应该当丧事办。请读者自己琢磨，不赘。

上失其道，民散久矣。如得其情，则哀矜而勿喜！（子张篇第十九）

君王失落了自己的道德章法，民人早已分崩离析了。如果你了解犯罪的真实情况，你应该为之悲哀遗憾，而不是作为自己的政绩为之欢喜。

泰而不骄，威而不猛

孔子对“泰”与“不骄”的解释很平实，也很有说服力。把人分成无众寡、无小大、无敢慢，简单地说就是不势利，不看人下菜碟，一切就顺当了。

“威而不猛”甚易解读，“威”是权力系统人士所需要的，没有一点号召力、震慑力你怎么长管？“猛”就有点过于锐利了。“威”应是天然，是你的存在，你所代表的正义、仁德、礼制、公信力与你的官方身份所产生的。“猛”则是你使了劲儿，可能是吃奶的劲儿，有点滑稽，有点做作，有失分寸。

君子无众寡，无小大，无敢慢，斯不亦泰而不骄乎？君子正其衣冠，尊其瞻视，俨然人望而畏之，斯不亦威而不猛乎？（尧曰篇第二十）

君子对旁人不分人多人少，不分小民、大人，不分哪个要小心翼翼，哪个可以轻慢与不以为意，泰然处之，怎么可能有什么骄横的表现呢？君子衣帽整齐，目光端庄，他的严肃劲儿令人望而生畏，那不是威严却不必生猛作态吗？

别犯急性病的错误

你掌了权，别指望一切擎着，好事自天而降，要先从坏处打算，要忍辱负重，要呕心沥血，要克服一切常规的与非常规的困难险阻，要准备走弯路。否则，你会走向暴烈，你会成为暴君，你会犯急性病的错误。

上边决策慢，却逼死逼活地让小民拼命赶任务，这确是某些官员的毛病，是充分照顾官老爷、绝不照顾小民的表现。

反正孔子确有从政经验，这一节听起来很务实，他不仅谈了仁啊、礼啊的理念，而且谈到一些技术层面、节奏方面的讲究。

不教而杀谓之虐；不戒视成谓之暴；慢令致期谓之贼；犹之与人也，出纳之吝谓之有司。（尧曰篇第二十）

没有进行必要的教育，百姓犯了罪就处以极刑，这叫虐待；不告诫清楚便要求做出成绩，这叫暴烈；缓慢地下达启动的命令，又突然限期完成，那叫作贼——捣乱；就像给别人什么东西一样，出手吝啬只能叫作小气。

第四章

政治的修辞：『道』与『术』

参政的四种路径

第一，孔子很有治国平天下的愿望，有政治参与的追求。他注重知，更注重行，且不满足于书斋清谈。看来，那个时候，还不是特别时兴绝不做官，绝不与政治瓜葛，绝不进入体制的清高与独立的标榜。

第二，他的许多教导，其实是胸怀大志，眼睛向上。首先是希望能成为王者之师，能为战乱的天下指出一条仁义、光明、合理而又皆大欢喜的大道。他努力提倡仁政德政，提出使役老百姓要符合农时等，因为他明白把老百姓压榨伤害得太苦了，会影响君王统治的安稳。他其实是为统治者着想，同时尽量整合治人者与治于人者的利益诉求。比较起来，他的一套理念与方法容易被不仅是治人者而且包括了治于人者所接受。

第三，他的从政完全不顺利，大概没有几个治人者认真地想以接受践行他的一套美好说教来代替血腥争斗求胜，但孔子“吾道一以贯之”，硬着头皮到处寻找机会，到处碰壁，百折不挠，到了黄河也不死心。

第四，他不是靠强硬，靠危言耸听，靠政治赌博高调兜售，靠死皮赖脸到处伸手来一展政治宏图。相反，他是温文尔雅、谦虚谨慎、君子之风、不为已甚地参政议政的。用现代的语言来说，孔子是政治文明最早的提倡者与力行者之一。

夫子温、良、恭、俭、让以得之。夫子之求之也，其诸异乎人之求之与？（学而篇第一）

老师以温和、良善、恭谨、俭朴、谦让的途径去过问政治。您看我老师的这种取得、介入政事的方式，与他人求官求问政的方式不大一样吧？

真正的大臣应该有自己的道

孔子主张君君臣臣，主张对上的忠顺。但他又认为真正的大臣应该有自己的道，即自己的理念与原则，服膺理念原则，甚至比服膺君王还重要。这是一个了不起的思路。

笔者早有此说，古代中国固然是一个封建专制国家，但德治、王道、礼治思想，还有道高于一切的文化思潮，客观上形成了对于封建帝王的一种文化监督、礼制监督、谏官监督。为政以德，以德治国，听起来很美，反过来说，也就意味着无德、缺德只能乱国，乱之有理，反之有理。不要只看到德是权力系统的武器，可以理顺百姓民心。还必须看到，德，还有道，也是平头百姓与臣子的武器乃至反对派、造反派、起义者的武器，一顶无道昏君的帽子，就给君王判处了死刑。以德、道为坐标，臣子常常对权力系统、对君王提出劝诫批评建议。读读历史就知道，古代帝王做事并不顺遂，常碰钉子。常常有君王想办个什么事、想改个什么规矩，底下跪一帮子老臣，反对、死谏帝王的斗争场面就出现了。

当然，孔子本人不会赞成“乱臣贼子”的犯上作乱，他说的是道不行则止，不是反叛。

普通臣子则达不到这个高度，只要不跟着弑父弑君，其他方面，当然只能听喝。

所谓大臣者，以道事君，不可则止。（先进篇第十一）

所谓大臣，应该是以大道为尺度协助君王理政，履行不了大道，就应该离开不干。

政治应当讲究规矩、界限、分寸

孔子那时候不大可能从法制与民权的角度提问题，但是从政治道德上讲，他的想法是长上应该有长上的规范，还有对自己的要求与自律，尤其是协助君王的君子，对上对下，要讲点规矩、界限、分寸，万不可猖狂张扬、不可一世。

这样的教育，至今仍然需要，乃或尤为需要。正因为权力运作日益精密有效，就更需要用政治的文明与道德原则、法制（当年孔子讲的则是礼制）原则来规范改善权力的运用。

有君子之道四焉：其行己也恭，其事上也敬，其养民也惠，其使民也义。（公冶长篇第五）

君子之道，可以从四个方面来讲：一个是他的行为举止谦恭谨慎，再一个是他侍应长上尊敬服从，还有一个是管理安排子民的生活注意维护他们的实惠利益，最后是使用民力、支配民人公正合理适度。

政治不只是做到了什么

所谓政治，所谓治国，不但包括你做到了什么，也包括你主张什么却没有做到什么，还有你的美好主张的未能实现是由于政治势力的阻挠。主权归属，独立或者并入，明明一时不起作用的话也要说，也要义正词严地发表声明。道理即在此。

孔子一板一眼地做事，过程和言语已经载入传统文化经典《论语》。他要是不说，不就湮灭了吗?

陈成子弑简公。孔子沐浴而朝，告于哀公曰："陈恒弑其君，请讨之。"公曰："告夫三子！"孔子曰："以吾从大夫之后，不敢不告也。君曰'告夫三子'者！"之三子告，不可。孔子曰："以吾从大夫之后，不敢不告也。"（宪问篇第十四）

陈成子杀了齐简公（是为弑君，本是不能接受的）。孔子沐浴后郑重上朝，对鲁哀公说："陈恒弑君（大恶），咱们应该去征讨（维护礼法秩序）。"鲁哀公说："你去报告那三位（权重的）要人吧。"孔子说："由于我担任过官员，不敢不来报告。可是国君让我去报告那三位要人。"到了三位要人那边，报告后，没有获准征讨。孔子又说："因为我当过鲁国的官员，不能不来报告。"

君王讲规矩，臣子讲忠心

对心的要求是忠，对行为的要求是礼。还有，君王对臣下也要有一定的礼节、礼貌规范，君王也要讲规矩。即使对于君王，即使在远古，也仍然有文化监督与礼制监督。

君使臣以礼，臣事君以忠。（八佾篇第三）

君王使用臣子，要符合礼节规范；臣子侍奉君王，要忠心耿耿。

君王不受挑拨，臣子不做奸佞勾当

不知道外国的情况是怎么个样子，反正从孔子的话看来，咱们这里自古时兴进谮言、告黑状与语言暴力。笔者愿意从两方面来理解：一种情况，您是大佬，您掌握了权力资源，奸佞屡屡到您这里来进谗，来送黑材料，您不为所动，证明您头脑清醒、心知肚明。另一种情况，您是被无端攻击的某一个忠臣能人，您是一个被嫉恨的对象，但您不因为受到进谮、诬告与卑劣攻击而昏乱，能够分得清、看得准，不夸大，不悲观，不任人宰割，也不轻举妄动，能够在不利的情势下平稳有序渡过难关，这也说明您的明白、明哲、明晰。

当然，这里也有难于拎清的地方，就是说一个人的被进谮、被诽谤，真伪虚实之间有一些灰色地区，有一些莫须有的记录。例如，《红楼梦》中宝玉的被打，贾环的进谗起了重要作用。宝玉找金钏瞎混在先，金钏对宝玉笑谈在后，结果金钏挨了王夫人一个耳光，跳井自尽，被贾环汇报成是宝玉"强奸不遂，打了一顿，（金钏）赌气投井"。这就叫作"事出有因，查无实据"，够你不明不白一阵子的。

无论如何，孔子认为"明"的首要标准是不受谮、不受愬，关键是老板不受挑拨，臣子不做奸佞勾当。孔子是一针就扎中了穴位。古代君王可以划分为暴君、昏君、明君、贤君，这方面的故事极其动人，这样的故事脍炙人口。例如，岳飞被秦桧陷害的故事，就是家喻户晓。而杀害岳飞的宋高宗赵构，则落得一个彻头彻尾的昏君的评价，遗臭万年。

浸润之谮，肤受之愬，不行焉，可谓明也已矣。浸润之谮，肤受之愬，不行焉，可谓远也已矣。（颜渊篇第十二）

有的谮言，像水滴一样地浸润你；有的诬告，像利刃一样地刺向你的肌肤。但是，你不上当，你不受它的影响，说明你是一个明辨是非的人。水滴浸润一样的谗言，利刃刺肤一样的诽谤，你全然不受影响，说明你是一个目光远大的人。

命名就是权力

中华传统文化的特点之一是概念崇拜。对于老庄来说，道是一种概念神祇，主宰一切。对于孔孟来说，仁或者义，同样还有道，也是至高无上的。

概念的作用在于分类，分类的作用在于构建尊卑、上下、高低、长幼的秩序基础。概念遵从也就是类别遵从。君有君的名分与规范，臣有臣的名分与规范，搞不得一点马虎。名分端正准确，权利义务清晰，社会才能有序，事业才能有成。

在我国，命名就是分类，分类就是政策依据，就是奖惩荣辱。命名就是一切权力中最细腻、最深入、最可畏的权力。命名就是政治纲领与政治意图。我国古代，除了君王权力，史官也有命名的责任与权力。所谓"孔子成《春秋》而乱臣贼子惧"（《孟子·滕文公下》）的道理就在于此，虽然今人怀疑《春秋》到底是否为孔子所作。

故君子名之必可言也，言之必可行也。君子于其言，无所苟而已矣。（子路篇第十三）

所以，君子端正了名分就一定能言说政见，言说了就能推行。有了一定的名分，君子对自己说的话是负责的、算数的。君子说话绝对不是随便任意的。

不掌权而掌权

如今有一个说法，伸手要官的，一律“不给”。另一方面，我们却也看到，自古至今，为官位奔走者，蝇营狗苟者，不绝。

为掌权而掌权的人，境界太一般、太流俗，高度不够，难有大德、大功、大智、大勇；相反，随时有贪赃枉法、顾此失彼，偶然投中一机，随后麻烦缠身，终于身败名裂的危险。认真讲奉献、讲理念的人，志存高远的人，有真才实学的人，满腹经纶的人，绝对不可能伸手要官、蝇营狗苟，这样的人确实更伟岸得多。

问题在于君王，你是喜欢那贴上来的奸佞弄臣，还是堂堂正正的光明型人物呢?

还有另一种权力中人物，专门嫉妒高风亮节的君子，专门嫉妒一心向学、前途无量的年轻人，他们的特点是仇恨未来、扼杀希望，与春秋大义不共戴天。

巍巍乎，舜、禹之有天下也，而不与焉！（泰伯篇第八）

虞舜与夏禹的拥有天下是何等崇高伟大，他们自己并没有去追求索要啊。

侍奉君王要遵守礼节

遵守礼节，恭恭敬敬地侍奉君王，与谄媚讨好拍马屁很难分开，自古就有这样的麻烦。孔子其实很老到，他知道恪尽礼节也是要付出代价的。问题是不符合礼节，就更危险。

高力士墓志铭中一上来就说"事君之难，请言其状，尽礼者，或以为谄"，其义出自《论语》。至于高力士之谄名，是否由于他的尽礼，则是另外的问题了。

事君尽礼，人以为谄也。（八佾篇第三）

侍奉君主，尽到了礼节，旁人会以为你是在谄媚。

见侯国君王要讲究方式

那时，见侯国君王，第一要害怕，害怕了才显出恭敬忠诚。第二要毕恭毕敬，还要为表效忠做肝脑涂地状。（好狗）不挡道，踩门槛也影响身形状态，打个趔趄更是出洋相。在君王面前，叫作“大气也不敢出”（让人联想到契诃夫的小说《小公务员之死》，主人公在大人物面前打了一个喷嚏，吓死了）。第三要愉快。害怕不害怕，是态度问题、感情问题；尊敬不尊敬，也是态度问题、感情问题；愉快不愉快，仍然是感情问题、态度问题。因此，还有第四，要热爱。《论语》中对热爱的表示不够充分，但“仁爱”的弘扬当中，应该有这一部分。

入公门，鞠躬如也，如不容。立不中门，行不履阈。过位，色勃如也，足躩如也，其言似不足者。摄齐升堂，鞠躬如也，屏气似不息者。出，降一等，逞颜色，怡怡如也。没阶，趋进，翼如也。复其位，踧踖如也。（乡党篇第十）

走进朝廷的大厅，躬身示礼，好像自己无处容身。站立，不要挡住门；行走，不要踩门槛。走过国君之位，面色端庄，打起精神，行走迅疾，说话像中气不足的样子。手提衣襟上朝，躬身致敬，屏神静气，不出响动。事毕走出，下了一层台阶了，可以放松神情，显得愉快一些。下完台阶，提速，如鸟儿展翅。回到原位，还要有点诚惶诚恐的样子。

为人臣子要忠心耿耿

听喝听令，麻利干脆，忠心耿耿，油然动人。

君命召，不俟驾行矣。（乡党篇第十）

国君召见人，不等备好马车，已经开步前行了。

治国的关键在于用人

关键是用人，因为权力是由人来掌握的，尤其在强调人治、强调个人德行决定治国理政成败的古代中国。但是，王公大臣也感到权力集中、所知有限，孔子则相信触类旁通、浸润点染就能使德政扩大外延。你提拔一个好人，其影响也许是又出来十个好人。同理，你提拔一个骗子，可能随风上来更多的骗子。这里期待的是自然而然的影响扩大，固然有理，但还缺少有意识地选天下英才而用之的常规化、明细化的措施与制度。后世有了科举制度，是一大进步。

仲弓为季氏宰，问政。子曰："先有司，赦小过，举贤才。"曰："焉知贤才而举之？"子曰："举尔所知；尔所不知，人其舍诸？"（子路篇第十三）

仲弓（冉雍）担任了季氏的主管，向孔子请教政务。孔子说："先抓官员（先管起来），宽容小的过失，推举贤良人才。"仲弓问："从哪里去了解与举荐贤才呢？"孔子说："你了解谁是贤才，你就推举提拔谁；别人看到了你用人的路数，难道会放弃对其他你所不知道的贤才的推荐吗？"

给贤者提供机会与空间

不帮助贤才，不给贤者提供机会与空间，就是“窃位”。这对于权力中人，是一个强有力的警告。这样的思想，在我们今天仍然有警戒的意义，组织部门、人事部门的工作人员，尤其是领导，值得认真领会学习。

问题在于，这还算是好的。孔子以后直到如今，见贤而妒恨交加，整之诬之害之，拿出吃奶的力气灭之的例子也不是没有。

子曰：“臧文仲其窃位者与？知柳下惠之贤而不与立也。”（卫灵公篇第十五）

孔子说：“臧文仲岂不是一个窃取职位、在其位而不谋其应谋之政的人物吗？他明知柳下惠贤能优秀，却就是不给柳下惠以立身之地。”

用人的智慧与学问

人们上哪里去判断大官、君王乃至帝王的智与不智呢？就看你用什么人：用奸佞，用马屁精，用巧言令色的忽悠大王，用结党营私的下三烂，你能是明君、圣君吗？你肯定是昏君、无道之君，至少是糊涂之君。

用了好人，坏人也能变成好人，没有这样简单。然而，好人当政，坏人不能不有所收敛。好人往往有真才实学，有自己的头脑。所以，好人有时吃不开，好人耻于做马屁精。坏人都是因人成事、跟风成事，诸事鸦鸦乌，只能靠吮痈舐痔求宠。但是，如果把好人与坏人、忠臣与奸佞放到一块，奸佞的那两下子就会露出马脚，就会显出尴尬，应付碰壁出丑。所以，仅仅举贤还不够，还要“错诸枉”，还要用好人压下坏人，让他们互相对比。好！

孔子是非常善于从不同的角度谈一个问题的。但是，在用好人还是坏人的问题上，在为政先要自己正的问题上，孔子宁可讲得简明一些，斩钉截铁一些。该绝对化一下了，他也毫不迟疑，不能什么事都是两面理三面理，还四平八稳。

举直错诸枉，能使枉者直。（颜渊篇第十二）

提升与彰显正直之士，把他们安排在歪邪的人士之上，使正直的人与歪邪的人形成一种比较，其结果是歪邪者也会渐渐正直起来。

用人要看责任的大小

什么人能胜任什么工作，要看责任的大小，而不是看地面的大小。麻雀虽小，五脏俱全。有的人是"宁为鸡口，毋为牛后"，那是有雄心、有前途、敢闯荡的人才。有的人是"宁为牛后，毋为鸡口"，那是指已无意进取或无精力揽活儿的人。

现在也是一样，你当过镇长、区长，及其他芝麻官儿，其权其责却比许多级别高的外围官员有分量得多，也更能锻炼人。

孟公绰为赵、魏老则优，不可以为滕、薛大夫。（宪问篇第十四）

孟公绰在赵氏、魏氏当个家臣是有余力的，而到滕国、薛国当个大夫就玩不转了。

做官的原则

朝廷好的时候可以做官，不好的时候拉倒。孔子是有原则的，也是以清高自诩的，很好。

问题是：第一，有道无道，谁来判断？有时候无道的权力系统也是有自己的道的，也是能讲道不止、雄辩滔滔的。孔子跑了那么多地方，想一展雄图，他认定那些侯国（包括那些要置孔子于死地的烂地方）都有道吗？第二，万一你有可能改善或局部改良一下某些邦国的无道的恶劣状况呢？第三，还有个吃饭问题。不谷不禄了，吃什么呢？有人回乡务农，如果没有条件回乡务农呢？或者要不要区分一下，或者是当时已经有一条界线，大官才能对大小朝廷的“道况”负责，才应该引咎辞职，才必须做到饿死事小、无道事大。“限以下”官员不过是如今的“公务员”，只是吃官饭的，却不是政客、政治家，是不用随着倒阁立马滚蛋的。

当然，也不必硬较真，圣人教诲的是大义，是原则；而执行的责任，包括且行且斟酌且行事的责任，是自己的事。

邦有道，谷；邦无道，谷，耻也。（宪问篇第十四）

邦国行政有道（讲道理、讲章法）的时候，你可以为朝廷做事领俸禄；而邦国无道、胡作非为了，你还为它效力得俸禄，这是丢人的。

做官要鞠躬尽瘁、两袖清风

自古以来，养尊处优、刮民脂民膏、颐指气使的官儿有的是，鞠躬尽瘁、两袖清风、艰苦朴素的官员还是太少了。

事君，敬其事而后其食。（卫灵公篇第十五）

给君王当差，要一丝不苟地做事，而把拿俸禄享受待遇放在后面。

恭、宽、信、敏、惠

人们多知道“五德”——仁、义、礼、智、信，却不一定记得住恭、宽、信、敏、惠。原因是前者适用于全民，而后者主要适用于权力系统中人。

对于担任管理治理事宜的人们来说，孔子的这五方面还是很不错的。有趣的是，有一种人自己并不掌权，却还要反对宽厚，又不是生活在鲁迅那种大革命、大战斗的时代，不知何所针对。当然此版本的“五德”中，似乎缺少了坚持原则、有法必依、有错必究、祛邪除恶方面的说法，是不是将治国治家想得太温馨了？

《论语》中多次见到“使”字，与其解读为使役、使用，不如解读为“管理”或“领导”，“易使”就是好领导，“使人”就是领导人众。

恭、宽、信、敏、惠。恭则不侮，宽则得众，信则人任焉，敏则有功，惠则足以使人。（阳货篇第十七）

就是说要恭敬、宽厚、诚信、敏捷、惠民。恭敬就不会出现轻慢，宽厚就能团结多数，诚信就能够得到他人的委任，敏捷才能有成绩，惠民才能使用（领导）民人。

不在其位，不谋其政

一个下台或退休官员，应该强调自己的"不在其位，不谋其政"。一个官员对于同级的不同地区、不同分工的官员，多数发问下也需要这样理解与这样声明，以利分工负责。

当然，还可以这样说，关心、责任、公民意识、有机知识分子意识与谋政是两个意思，不能混同。

不在其位，不谋其政。（宪问篇第十四）

不在那个职位上，不去谋划那个职位的政务管理。

专业与管理，都要懂一点

用现在的话来说，长期当领导，就会荒疏自己的专业。领导忒外行了，当然不够好，所以要提倡干部变外行为内行与专业化。有时，忒专业化了也不好，一个是无法发挥众多专家的作用，一个是容易陷入纯业务的争执，陷入行业性的山头，陷入同行是冤家的怪圈，而且有用权力去干预业务的方便，许多事说不清楚。反过来说，如果你当不上领导，又没有一技之长，只能给领导抬轿，给领导当耳目，跟着上头起哄，后果似也不怎么样。即使一个专家当了领导，最好也能不断地学习新的技能、新的专业知识，有点专业的货色，有点技能本事。多乎哉？不多也。至少能帮助自己与别人，使自己更自信也更开阔。我早就说过，专业与管理，都要懂一点，不要弄得最后是“武大郎盘杠子——上下够不着”。

孔子有自信，所以坦然，所以不怕说自己本来是个“业务干部”，后来才以扭转世风、修齐治平、挽狂澜于既倒为己任。

子云：“吾不试，故艺。”（子罕篇第九）

孔子说过：“我（很长一段时间）没有进入过仕途，所以才学会了不少技艺。”

求实，也要求真

孔子求实，不求表面风光；孔子求真，反对僭越作伪。现如今这一类的弄虚作假、以小求大、冒名扩张、虚礼排场、装牛摆架子之事比比皆是。一个芝麻官儿也要盖土豪办公楼，坐大排量汽车，给自己修"白宫"建"天安门"。搞形式主义、装腔作势、借以吓人的人与事，时而有之。怎么咱们的美丽文化在一代代传承至今、并未间断的同时，咱们的毛病、咱们的"劣根性"也是这样源远流长、百世不绝呢？

子疾病，子路使门人为臣。病间，曰："久矣哉！由之行诈也！无臣而为有臣，吾谁欺？欺天乎？且予与其死于臣之手也，无宁死于二三子之手乎。且予纵不得大葬，予死于道路乎？"（子罕篇第九）

孔子病重，子路让他的学生们以较高的级别组织治丧机构、筹备丧事。后来病好了一些，孔子说："子路这个人，用的这些虚假手段也未免太陈旧了。我（早已不再担任官职）不应该有家臣及治丧机构，子路却弄出个莫名其妙的机构样子，我这是蒙骗谁呢？骗老天爷？再说，与其死在治丧机构手里，还不如死在几个门徒学生手里呀。就算我的丧礼规模不够宏大，也不至于是死在路途上吧？"

坚持正规化

坚持正规化，即使在最困难、最不正规的时刻与条件下。坚决反对游击习气。

疾，君视之，东首，加朝服，拖绅。（乡党篇第十）

生了病，国君来看望，自己头朝东躺好，身上盖上正装（上朝的官服），浮搁上束腰用的宽衣带。

重视不同的见解

小百姓反映当皇上当君王就没有人敢不听你的话了，这很爽，倒也如闻其声。当了皇上，没有人敢抬杠，就意味着陛下您要丧邦！天啊，大哉斯言！谁能不重视不同见解呢？！

一言而可以兴邦，有诸？（子路篇第十三）

一句话使一个邦国兴旺，有这样的可能吗？

承认人的层次的分别

人确实是分三六九等的，怎么分，怎么讲，则不能太简明，否则就会出现人为的、过分剧烈的阶层分化。

与现代人强调平等不同，孔子更强调秩序，讲秩序就必须承认人的层次的分别，至少分个上中下，还可以笼统分为君子与小人，现代还有什么精英与群氓的说法。秩序讲过分了，不平等、不民主，会激化阶级斗争。平等讲过分了，无秩序，乃至出现所谓多数人的暴政。这些东西说着容易做着难。

中人以上，可以语上也；中人以下，不可以语上也。（雍也篇第六）

对于中等以上的人，可以讲讲上等的知识与道理；对于中等以下的人呢，就不必讲那些上等之论了。

分清大小、轻重、缓急

欲速不达，已是家喻户晓的成语。这一类事例太多了，比比皆是，教训深刻，不胜枚举。可以说，晚清以来，中国诸事，尤其是杰出之士、有识之士的诸多悲剧，出自"欲速"的"急性子"的，远远多于出自保守迟钝的"慢性子"的。那些主张放缓节奏的见解，在革命跃进改革的大潮中，根本上不得台面。可叹也。

小利问题需要区别对待。参了政，应该关心国家大事，而不是一己的私利。再有就是要分得清大小、轻重、缓急。从上述意义上说，孔子说得对，但事物有集腋成裘、积小成大的另一面。刘备的说法是"勿以恶小而为之，勿以善小而不为"。我们的说法是人民利益无小事，也很中肯。

欲速，则不达；见小利，则大事不成。（子路篇第十三）

越求快，越难以达到目的；眼睛里都是蝇头小利，反而干不成什么大事了。

工欲善其事，必先利其器

你无法把你要侍奉、要结交的仁者、贤者当作你的工具设备。但“工欲善其事，必先利其器”已成为我国人民家喻户晓的不易之论，无论多么大的事，先从手底下做起，甚至先从选择好器、选择好工具与手柄做起。这也是很好的教导。可能有的缺点是，这会造成一种“站队”和投靠。怎么样开始你的治国平天下的伟大事业呢？先侍奉好大夫，再结交好伙伴……听着还是有点不十分对头。证明了笔者的一个说法，凡说出来的话，都有漏洞。包括漏洞说本身，谁想抬杠，一抬就抬翻了你。

工欲善其事，必先利其器。居是邦也，事其大夫之贤者，友其士之仁者。（卫灵公篇第十五）

一个工匠要做好自己的工作，先得把手底下的工具设备、生产手段弄好。你住到了某一个邦国，就要侍奉那里大夫中的贤者，结交那里士人中的仁者。

宁多问添烦，毋贸然出错

第一仍然是郑重。第二是避免差池。第三是宁小心谨慎，毋粗心大意；宁多问添烦，毋贸然出错捅娄子。

入太庙，每事问。（乡党篇第十）

进入祖宗太庙，每件事都要先问问别人。

礼多人不怪

国君赏赐食用物品，当然是感激荣幸、受宠若惊，不得吊儿郎当地对待。君祭你先吃着，稍稍费解一点。或谓是替君王先尝尝，或谓是自己没有资格陪祭，自己先动动口，表达对国君洪恩的感激涕零，不可拖延等待。也许是避免尴尬？国君赏饭，恩重如山，岂能立在或坐于桌旁装傻充愣？反正是个礼，礼多人不怪。

君赐食，必正席先尝之。君赐腥，必熟而荐之。君赐生，必畜之。侍食于君，君祭，先饭。（乡党篇第十）

国君赐饭食，一定要端正坐好，率先入口品尝。国君赐赠生肉，要煮熟，先进贡给祖先，再自己吃。国君赐赠活畜，先养起来。陪同国君用饭，国君祭祀的时候，自己先尝饭食。

尽量做到万无一失

役民、谏主都不是易事，要反复确认，尽量做到万无一失。

君子信而后劳其民，未信则以为厉己也；信而后谏，未信则以为谤己也。（子张篇第十九）

君子坚信确认以后，才可以去运用民力，否则会被认定是扰民糟害百姓；坚信确认以后，才可以去向君王长上提出批评劝告，否则会被认为是诽谤作乱。

礼让是最高的德行

正当竞争是一种美德，有利于秩序发展和发挥人的能动性、积极性。但竞争也会诱发矛盾冲突。礼让不争，向后捎，在中国古代被认为是崇高的美德，有利于秩序、和谐、安居乐业。这样的以礼让为主流价值，是中华文化长期稳定、自成一家、光辉千古的一个重要缘故，但或有不利于发展的侧面，可以比较推敲一番。

还有一个问题，如果大家公认礼让是最高美德，就可能出现以礼让的标榜来互争。就是说，可以在仕途上、钱财上表示礼让，但在谁更礼让的道德评比问题上绝对不礼让，变成了不是在体育场上赛跑，而是在体育场上赛让。你让三分，我让三丈，我就胜过了你。以让为争，争于相让。这就成了老子所讲的“皆知善之为善，斯不善已”（《道德经》第二章）。

再回过头来看孔子的时代，自然经济、农耕文明，劳动生产率、技术上的竞争尚不明显，诸侯国家的领土权力之争恶劣血腥，“士”们的自我宣扬兜售、口舌之争千奇百怪，孔子能认识到恶性竞争的无益，才提出了“谦让至德”的命题。其实，老子提倡“不争”更加彻底，老子主张的是取消价值判断，因为很多争表现于价值判断之争。从当时的情势看来，礼让的美德性毫无疑义。到了西方产业革命，进入工业社会以后，我们渐悟正当竞争的不可或缺了。

泰伯，其可谓至德也已矣。三以天下让，民无得而称焉。（泰伯篇第八）

泰伯，他的道德修为，那是真正到位了。他多次谦让自己的君位，百姓简直不知道用什么话来称赞他。

现实的掂量

孔子真正为官从政的经历不算太久，却显得像个老手。他调门相当低，不谈为国为民，不谈仁义道德，只谈阙疑阙殆、寡尤寡悔，自保自扫门前雪。

也许，孔子谈政治理想是一回事，而与一个熟人谈吃官饭，要实际得多？

当然，不能忘记鹰有时与鸡飞得一样低，鸡却永远不可能飞得像鹰那么高。

多闻阙疑，慎言其余，则寡尤；多见阙殆，慎行其余，则寡悔。言寡尤，行寡悔，禄在其中矣。（为政篇第二）

多听取信息，也就能减少疑难。少张口掺和说道自己并不了解多少情况的事，也就可以少有过失，少落埋怨。多观察真相，也就减少了冒失闯祸。谨慎地干预自己没有把握的事，就可以少有失悔。说话无过失，做事无失悔，官职俸禄自然就得到了。

韬光养晦是治世与自保的明哲

韬光养晦的谋略，同时也是治世兼济天下、乱世独善其身的明哲。这是中国式的有理、有利、有辙、有节的独特思路，是以退为进、以愚为智、以无为立于不败之地的做人与从政艺术。事事聪明、处处争先，不是真精明，而是浅薄、幼稚、鄙俗、廉价。该灵则灵，该钝就钝，该明则明，该暗则暗，方能自保，方有原则，方有人格与光辉，但并不容易。太妙了。

其知可及也，其愚不可及也。（公冶长篇第五）

他那个聪明劲儿，别人或者能够赶得上；他那个傻劲儿，恰恰是他人望尘莫及的。

大道理才能实现和谐太平

孔子的逻辑是：利害是相对卑俗的，而义理原则才是高尚的。利是具体的，所以是相互矛盾的，可能招致分裂、冲突、争拗；而义——大道理才能统一思想心气，提高人的德行，也能提高治国理政的理论性、精神性、高雅性，能在追求道德崇高境界的前提下实现安居乐业、和谐太平。

但义与利的分裂也会产生很多问题，权力系统与围绕在这个系统周围的君子们，如果不把小人们的具体利益放在心上，小人们的存在与不满会成为不稳定的根源。“天命之谓性，率性之谓道”（《中庸》第一章），逐利是天命，也是人性。其实，人们无法彻底改变逐利之性，却可以以道德与法制来约束逐利中的非法度、非公正的负面行为，同时树立逐利中的社会规范与文化认知，把合理地谋利避害的观念与公正、法度、道德、贡献、互助、仁爱的观念结合起来。

孔子说，一味计较利，有问题。其针对性更像是对于君子、臣僚、君王的忠告，也许他讲的是一国一邦之利、君王朝廷之利、权力系统之利，而不是万民百姓之利；也许他讲的是放弃教化引领，放弃仁德精神的培育，只剩下了利，反而会混乱多怨，不得安生。

至于当代中国，讲一讲唯利是图、唯利是瞻的危害，正是时候。

放于利而行，多怨。（里仁篇第四）

一味地按照有利无利的计算来做事，就会招致越来越多的怨愤。

不可欺而不犯

今天有这样的不潜也不明的规矩，领导走到哪里，当地干部都以让领导高兴为第一任务，而不是以让领导掌握真实情况为第一任务。

更值得警惕的是今天的习惯。与孔子所说相反，现在某些干部的习惯是欺而不犯：可以欺骗领导，不可以触犯领导！

子路问事君。子曰：“勿欺也，而犯之。”（宪问篇第十四）

子路问应该怎样侍奉君王。孔子说：“不可以欺骗他，必须告诉他真实的情况，哪怕他变颜变色不爱听你的大实话。”

过度远虑，反成近忧

有一种情况，思虑焦虑得太超前，进行超前防御清洗斗争，先发制人的“先”字变成了夸张的提前量，反而变成了无事生非、自乱阵脚。例如“文化大革命”中演练抓走资派，就是过度远虑，反成近忧矣。

人无远虑，必有近忧。（卫灵公篇第十五）

一个人不能提前考虑较远的未来的挑战与麻烦，对之有所准备，那么，等不到那时候，近在咫尺的麻烦就出现了。

道不同，不相为谋

孔子喜欢如切如磋、如琢如磨，但他也承认沟通交流的前提是大方向、大原则的一致。

知道"相为谋"的限度，知道什么情况下不要去瞎给人家，尤其是给权力系统为谋，能使自己更清醒，谋得不自找麻烦、不讨嫌、不惹祸。

又是一例，除了知其不可而为之以外，还有知其不可而停止。或明明不应该为谋，但在某种特殊情况下，知其不可谋而谋之。

两说着。孔子的道理绝对不死板。

道不同，不相为谋。（卫灵公篇第十五）

对于根本性的大道，理解与把握不相同，就很难互相出主意了。

学会避免患得患失

圣人之言，如出今日。一语中的，入木三分。如见其人，如闻其声，呼之欲出，就在你我身边。一些官场（包括别的“职场”“商场”乃至“情场”）的鄙夫，最最要命的特点恰恰就是患得患失！

鄙夫可与事君也与哉？其未得之也，患得之。既得之，患失之。苟患失之，无所不至矣。（阳货篇第十七）

对于卑下的小人，能够给他们以侍奉君王的机会吗？在没有得到这样的机会以前，他们眼巴巴地等待着官职；等得到了官职，他们又眼睁睁地害怕丢官丢权。一旦害怕丢官丢权，害怕失落，那就什么（不要脸的）事都干得出来了！

言语与行为需要匹配一致

现代社会，由于信息传播的飞速发展，说话常常会比做事更能让人迅速成功，无怪乎孔子早早地就有了复古好古的想法。一个人、一个党派、一个国都有一个危险，开始平平，说什么也没有什么人太上心，越是发展壮大，话语权越是膨胀，越是走向一言九鼎，言语与行为不匹配的情况也就越是显露了出来。于是，渐渐转向反面，威望与公信力开始降低，失误渐多，其中过程耐人深思。

权力系统也不要随意说话，轻易许诺，高调放炮，以免落实不了，影响自己的权威，造成"三信"（信仰、信用、信心）危机。

时逢放映电视连续剧《邓小平》，有陶铸夫人为陶的冤案找邓小平与陈云的场面。邓的话极少，陈云干脆不说话，以至陈云夫人向陈云提出："你倒是说句话呀！"令人深思。责任重于泰山，说句话硬是难于登泰山呀。

古者言之不出，耻躬之不逮也。（里仁篇第四）

古人不轻易说什么话，因为怕话说出了口，自己的行动却不能与之匹配。

坚守仁义才能保护自己

在中国，从事官务活动，企图有所作为，不但要知道自己能做什么，更要知道自己不能做什么，必须不做什么。不但要表现自己、积极进取、努力做事，还要懂得躲避隐藏，懂得销声匿迹，懂得保全性命与名节。不但要有争取富贵荣华的人之常情，还要懂得在邦无道的情势下享受富贵荣华是奇耻大辱。这一点远远比在邦有道的情况下认为自己贫贱是耻辱要困难稀罕得多。要警惕，争抢末班车闹不好会抢到下不来的贼船。要知道无道情势下频频出镜的效果是“天厌之，天厌之”。现今，只要经历过“文化大革命”的人，就会对此获得刻骨铭心的体会。“文化大革命”中一显身手，后果如何？呜呼哀哉是也。

还有，诚信、好学、坚守，正确地判断选择，符合道德原则，也符合安全原则。最正确的生活之路、从政之路，一般情况下，应该也是最有效的安全护卫之路。有是非、正误、仁与不仁、义与不义原则的人，恰恰较能保护自己。而投机取巧、无耻紧跟、舐痈吮痔、助纣为虐、浑水摸鱼的人，一定会自毁其名、自毁其身。

笃信好学，守死善道。危邦不入，乱邦不居。天下有道则见，无道则隐。邦有道，贫且贱焉，耻也。邦无道，富且贵焉，耻也。（泰伯篇第八）

诚笃守信、喜爱学习（或努力学好），誓死也要走善道、正道、光明大道。处于危局的邦国，不随便进；处于乱局的邦国，不在那儿安家落户。邦国有章法讲道理，可以现身，有所表现；邦国没了章法也不讲道理（只讲歪理），就干脆躲藏隐蔽起来。邦国有章法，而你贫贱狼狈，是你的羞耻。邦国不讲章法道理，你居然又富又贵，那也是你的耻辱。

罪恶止于阳光

何者为大德，何者为小德，不易分清，最后会变成说你大你就大，说你小你就小。还是老虎、苍蝇一起抓为好，大德小德，从严从宽，上纲解脱，先拿出来晒晒就好，这叫罪恶止于阳光。

大德不逾闲，小德出入可也。（子张篇第十九）

在关系道德的大问题上，人不能够逾越底线，小事上有些出入也就算了。

权力系统的政策与对策

既然有上下的区分，有权力的行使，就有与“上”相对的“下”，有被行使、被使役，也就有对于易使的即权力系统的有效性期待。问题在于：一是，无权者也需要有点权，批评说话的权，举手表决或投票选择的权，等等。二是，谁君子谁小人，谁使役谁被使役，应该有转化的可能。“朝为田舍郎，暮登天子堂”，这样的事很感人，也不是见不到的。

子之武城，闻弦歌之声。夫子莞尔而笑，曰：“割鸡焉用牛刀？”子游对曰：“昔者偃也闻诸夫子曰：‘君子学道则爱人，小人学道则易使也。’”子曰：“二三子！偃之言是也。前言戏之耳。”（阳货篇第十七）

孔子到了武城，听到弦歌音乐之声。孔子笑了，说：“（武城这么个小地方，哪用得着这么大动静）杀个鸡哪里用得着宰牛的刀啊？”（主管武城的）子游听到孔子的话语后，回应说：“此前本人听老师讲过：‘君子学到了大道，就会懂得爱惜旁人；而小人学到了大道，就会更容易被使用了。（小地方，大地方，学了道，不是都有意义的吗？）’”孔子说：“孩子们，子游说得对，我刚才说的只是随意之言罢了。”

正视人与世相的分歧

孔子强调人与世相的多样性、区别性。一起学习容易，共同选择难，共同标榜理念难。共同选择理念、共同起步、共同创业容易，共同成就事业、实现自我难。共同成就、共同实现自我容易，遇到一些小事情，共同处理具体问题难。

孔子的想法是越具体越分歧，时间越长分歧越见，这似是经验之谈。读读我国的近现代史、党史，您就明白这段话的语重心长、经验之谈喽。

可与共学，未可与适道；可与适道，未可与立；可与立，未可与权。（子罕篇第九）

（你与某人）可以共同求学，但不一定对道有同一的理解与选择；可以有许多同样的理解与选择，但未必能共同站住脚跟；可能都站住脚了，但未必都使用同样的权谋手段。

管理的必要与需要

实际上，人与人千差万别，相距甚远。体力、智力、寿命、教育、机缘、背景、资源都可能有不小的差别。而社会的运行，离不开管理与被管理，权威与服从，引领与跟随，制定、改变与遵守照办，在历史上的主动性与被动感。迄今为止，真正心甘情愿的尊卑上下秩序并没有当初那么牢固，真正的民主、平等、自由也没有怎么落实。说来话长喽。

民可使由之，不可使知之。（泰伯篇第八）

民人可以让他们听喝，让他们跟着干，不可以（用不着）让他们知道详情。

第五章

『礼』：治『世』为『人』的秩序与规范

礼的原则性

《论语》前前后后屡屡记载了孔子对于颜回的器重与喜爱。但是事关制度规矩即“礼”，孔子不能感情用事，只能照章办理。而具体到当过什么、什么级别的官员就不能步行，这个说法听来不免陈腐。例如北欧那边，高官步行是常事，因而有高官在大街上被枪杀了的，亦未见其因此而改为出必备车。孔子坚持遵循当时的礼制，不打折扣，显现了他该时该地的原则性。

颜渊死，颜路请子之车以为之椁。子曰：“才不才，亦各言其子也。鲤也死，有棺而无椁。吾不徒行以为之椁。以吾从大夫之后，不可徒行也。”（先进篇第十一）

颜渊死了，他的父亲颜路请求孔子卖掉车子来给颜回添置一件外棺。孔子说：“不必讲什么人才不人才，咱们各说自己的儿子吧。我的儿子孔鲤死了，也是有内棺没有外棺。我不能用步行作代价来添置颜回的外棺。因为我担任过鲁国的大夫，是不能徒步行路的。”

礼制本初是理念的光辉闪耀

孔子强调礼制，同时承认他对周以前礼制的讲述并没有足够的文献与旁证支持。是不是意味着他只能强调周礼了呢？还是也流露了他对自己克己复礼的大业有点把握不那么大了呢？

礼制是古代的好，这样的认知并非偶然。认为古人比后人纯朴亲和，这恐怕是有根据的。在我国，哀叹人心不古的说法延续了几千年。

我发现，虎头蛇尾是万物万象难免的过程。古人最初兴起礼制规范，说不定让进入文化史还不太久的人间井井有条而又合情合理了一大阵子，使人们兴奋赞颂、踌躇意满了好久。

与此同时，礼制本初是理念的光辉闪耀，在成为制度以后则逐渐扎根现实，成为实力、权力、利益攸关的规矩，顺礼者昌，逆礼者脏，直到逆礼者亡。而礼制全面推进、变成现实以后，乃稀释于众生相中。现实化的礼制在表现出理念的恢宏有效，受到普遍接受而大获全胜的同时，也必然受到现实的非正面因素、众生的非正面因素（奸佞、虚夸、巧伪、流俗、争拗等）的渗透、沾染、歪曲、腐蚀并开始偏离原旨。

就是说，礼弄不好了就可能崩，乐没弄好就可能坏，制弄糟了就可能被挑战造反颠覆。

原教旨主义的出现是有根据的，却常常是挽救不了“坏”与“灭”的。就是说，希望应该在明天，而不是昨天。

子曰：“夏礼，吾能言之，杞不足征也；殷礼，吾能言之，宋不足征也。文献不足故也。足，则吾能征之矣。”（八佾篇第三）

孔子说：“夏代的礼制规矩，我是能讲出来的，我从杞地这里求证了夏代的有关材料，却并不充分；殷代的礼制规矩，我也是能讲的，我从宋地求证的有关殷代之礼的材料，也并不充分。原因是各种文献包括活人的口述历史都还不足够。如果材料足够，我就不仅能够讲解，而且能够证明了。”

礼的思想，在于秩序的制度化

孔子的礼的思想，在于把秩序明确化、具体化、制度化、细腻化。没有明确、具体、细腻的礼的制度即礼制，秩序与和谐社会即成为空谈，仁爱、仁政即成为空谈。仅有明确具体的规范却没有内心深处的君君、臣臣、父父、子子，规范肯定保持不住，必然或迟或早出现礼崩乐坏的局面。出现上述局面，更会有孔子这样的有责任感、使命感的人出来呼吁恢复周礼、恢复优良传统之类。但简单恢复谈何容易？万事万物总是要与时俱化、与时俱进的。问题在于，具体的礼法可以也必须调整演进，但规范不能因此废除，也不能动辄将古代规范简单地嗤之以鼻。

君子不以绀緅饰。红紫不以为亵服。（乡党篇第十）

君子（穿衣服讲究也比较多）不用太深的颜色来镶衣边袖口，不用红色、紫色（帝王之色）做家常服装。

礼是约束和克制

孔子一方面主张努力学习，扩展与充实自身；一方面主张约束克制，纯洁质朴，循规蹈矩。这个思路同样也是既中庸又考虑整体。“博学于文”，到《晋书》发展为“博学多才”，确实也会引起人们，尤其是君王及其权力系统的警惕。因为博学于文者、多才者，或有不易管束的情形。

老庄那里就干脆提倡愚，指出以有涯之生逐无涯之知是一件危险的事情。孔子没有那么消极，他不愧是教育家，他什么事都尽可能往好处引导，他专说正能量的话语，他似乎已经意识到自己的地位与责任，他有意识地使自己的主张充满积极性、正面性、可行性。虽然满目疮痍，但是他仍然用美好的逻辑、美好的期待鼓舞着弟子，并且一直鼓舞到了今日。为此，他也付出了代价，一度被某些激进人物认为是保守、复古、道学、迂阔，名教杀人，早该丢到垃圾堆里去。

孔子，真君子也。他如此相信礼的自我约束作用、克己作用，相当可爱，然而不免天真。世上诸事诸悖论，解决起来并没有孔子当年想象得那么简单，难以做到一通百通，牵一发而全身齐活。

博学于文，约之以礼，亦可以弗畔矣夫！（颜渊篇第十二）

广博地学习文章、辞令、礼乐、优雅举止、知识等，而又能以礼制约束规范自身，也就不会出大格儿了。

不可因情而冲击礼法

还是情归情、理归理，礼法更要归礼法，不可因情而冲击礼法。

例如《红楼梦》中贾珍对儿媳秦可卿的丧事，反应如丧考妣，感情用事，任意提高规格，反而被怀疑、被讥刺、被视为丑闻在焉。

孔子处理各种具体问题，都有自己的坚持、半坚持、不坚持、反对、坚决反对之别。

颜渊死，门人欲厚葬之。子曰：“不可。”（先进篇第十一）

颜渊死了，他的同学想把丧事办得隆重些。孔子说：“不要那样做。”

坚持礼法，方得和谐

礼是规范，行是一丝不苟地践行，和是愿望、愿景。不论大小事宜，都要按礼法办。有礼法依据就可能行得通；行通了就是恰到好处，就是和谐；和谐了就值得宝贵，就值得珍重。这是一种如今叫作“理顺”了的态势。

有时人们做了不合礼法、不合规范、不合程序，如今叫作“违纪”的事，这时你仍想要求和谐，就得妥协让步。妥协让步的结果是礼崩乐坏，现在叫软弱涣散、蜕化变质，最终当然达不到和谐而是导致崩溃，达不到恰到好处而是天怒人怨。这里，求和谐和睦与坚持礼法原则有或大或小的矛盾，孔子的主导意思是人不能为了和谐而罔顾礼法。罔顾了礼法，就失去了秩序，失去了恭谨诚信的德行，失去了严肃认真的规则与管理，其恶果远远超过了一时的红红脸、出出汗、影响一下和睦乃至得罪一批违纪违法的坏人。

礼之用，和为贵。先王之道，斯为美，小大由之。有所不行，知和而和，不以礼节之，亦不可行也。（学而篇第一）

礼节的实现，最宝贵的是准确到位，符合各自的名分，从而取得和谐。这是先王之道一个美好的亮点，不论大事还是小事，都力求到位而又适宜，都要和谐。有时也行不通，这里需要礼法的匡正与调节，如果只知道一个和谐，却不符合礼法，那最后仍然是行不通的。

以德治国，以礼齐民

孔子的政治理想是：不靠惩戒，不靠暴力，而是靠教化引领将一切做到前面，防患于未然。说来简单，人都教育得德行高尚、彬彬有礼，想什么、做什么符合道理与礼法，哪里还用得着权力暴力执法压制？

做起来就不这样简单了。德与礼是一个相对抽象与有弹性的概念，盗亦有道，胜者王侯败者贼，不用别人，庄周早就看出了仅仅以德治国、以礼齐民会造成判断处置上聚讼纷纭的乱象。

孔子的理论确实有善与美的魅力。它甚至使我联想到马克思、恩格斯论述的共产主义理想：由于公有制，由于生产力的高度发展，由于共产主义新人的全面发展，更重要的是由于阶级消灭了，国家、政党、“依法治国”的一套设备部件也就全用不着了。多么美好的前景！

对这方面的强调，如果不与足够的知识胸襟与多元一体的文化观念结合，确有造成文化专制主义的危险：一个邪字就横扫一片。但也确实发展了修身、做人、自我完善的学问，给老百姓至少是给臣子们提供了对权力系统进行道德与文化监督、道德与文化弹劾的可能性。

道之以政，齐之以刑，民免而无耻；道之以德，齐之以礼，有耻且格。（为政篇第二）

用行政措施引导百姓，用法律惩戒来规范庶民，有可能会减少犯罪现象，但百姓并不见得认为做了犯法的事就多么羞耻。（而如果是）用道德教化来引导百姓，用礼仪程序来规范庶民，那就能做到让百姓以违法为耻，以遵纪守法为可取。

秩序的破坏与重建是人类社会永远的麻烦与苦痛

西周时期，上下尊卑规矩比较威严认真，社会各方面呈现出一种有序状态，臣子与百姓都好管服管。东周时期，中央权力系统式微，唱什么歌，念什么文辞，规则稀松了，孔子为之愤愤不平。近世和今世，更是如此。旧日，秩序靠的是阶级服从，有序的必然代价是压制与反叛之间的冲突，起起伏伏。时间愈长，庶民智慧愈进步，老一套的压制办法愈益显出力不从心。“王侯将相宁有种乎”（王侯将相也不见得非从你们家出啊）的问题石破天惊，有序的体制渐渐产生了漏洞、软肋，叫作礼崩乐坏。数千年后，民主、平等、自由之说日盛，旧秩序就会更加松懈，而新秩序、新法制、新游戏规则的社会新文明却没有相应建立起来。一次次日益严重地礼崩乐坏，确是大危大患，但要再回到西周，哪怕是明清，也绝对不可能啦。

任何秩序肯定都有它不合理、不中意的一面，任何秩序的破坏与重建都需要付出代价与时间。这是人类社会永远的麻烦与苦痛。一种特定的秩序颠覆了，意味着或许诺着更好更进步的秩序将带来新的希望。而等到希望没有尽如人意地兑现以后，还会出现对郁郁乎文哉的“西周”的原“礼”旨、原“序”旨——原“教”旨主义的怀念。

“相维辟公，天子穆穆”，奚取于三家之堂？（八佾篇第三）

《雍》上说的是“诸侯助祭，天子庄严在场”，这样的景象规格，怎么可能出现在这三大家族的厅堂上呢？

珍视礼节，是对于“敬”和秩序的重视

杀羊而祭是为了增加礼仪活动的严肃性、形式感、敬畏感。没有一定的礼节程序，没有哪怕仅仅是一只羊的性命的震撼作用，政令的颁发与受领未免显得轻忽。这与今天开一个正式的会议，必须有一定的排场或者仪式，如全体起立、奏乐、升旗是一样的。古代的隆重政治活动也有一套讲究。杀牲为祭，应该是其中重要的一招。即使行政的内容已经淘汰，朔日杀羊为祭的“礼”仍然不可废除。这说明了孔子对于古代礼节的珍视，对于“敬”的重视，对于尊卑长幼秩序的重视。

“你爱的是羊，我爱的是礼”的说法和前些年喜欢讲的“不能只算经济账，更要算政治账”的说法，似有靠近之处。

许多礼节，都有一个兴衰立废的过程。例如见了长上叩头的礼，目前已经大大式微。但某些舶来的礼节，如挂旗、奏乐、穿正装、放礼炮、检阅等仍然大行其道。因而不必过于为礼崩乐坏而叹人心之不古也。

尔爱其羊，我爱其礼。（八佾篇第三）

你珍爱的是羊，可我更珍爱的是这项礼节呀。

一切品质都离不开礼法的具体规范

孔子注重心功、心教，提倡恭、慎、勇、直的品质，但一切品质都离不开礼法的具体规范。离开了具体的规范，美德也就可能显现出过分乃至荒谬的一面。这说明礼制帮助一个人做到中庸，而不是过分。

没有了礼制标准，恭敬成了疲劳烦琐，谨慎成了畏首畏尾，勇敢成了乱局乱象，直率成了伤害的利刃，什么好事好词都走到了反面。

此语客观上说明了泛道德论需要法制之补充，强调没有法制有个礼制也很好。道德概念的力量在于它的美好，它的人性化、主体化，即它是人的主体趋向，是人的主动；而法制、礼制带有社会契约性质，依靠某种强制性质。泛道德论的不足是它的弹性内涵，可多可少，可弱可强，可浓可淡，不好把握：太轻飘了未必有效，太夸张了会走向反面——走向名教杀人，如对于女性的道德要求。

恭而无礼则劳，慎而无礼则葸，勇而无礼则乱，直而无礼则绞。（泰伯篇第八）

恭敬而不知礼法，会徒劳无益；谨慎而不知礼法，会畏缩不前；勇敢而不守礼法，会扰乱秩序；直率而不懂礼法，会伤害刺人。

满足于繁文缛节是渐行渐衰的表现

哪怕是繁文缛节，也还是日子过得不赖的表现，一旦陷入乱局，必然是四面楚歌、八方流窜。满足于繁文缛节、过场形式，满足于门面礼仪，自以为天下太平，不去面对困局且解决实质性问题，却又是渐行渐衰、渐行渐不治的一种表现。例如《红楼梦》里的贾府，已经是箕裘颓堕、不肖种种了，依然是行礼如仪、笙歌悦耳，岂不令人深思！

大师挚适齐，亚饭干适楚，三饭缭适蔡，四饭缺适秦，鼓方叔入于河，播鼗武入于汉，少师阳、击磬襄入于海。（微子篇第十八）

乐官太师名挚的，跑到齐国去了。亚饭乐官名干的去到楚国。三饭名缭的，到了蔡地。四饭名缺的，去了秦国。敲鼓的方叔，去了黄河附近。摇小鼓的武到了汉水一带。少师名阳的、击磬手名襄的到海边去了。

礼节原则与安全原则是契合的

坐汽车、火车、飞机，为了安全、不影响别人，最好是端坐、低语，减少一点东张西望与指手画脚。

礼节原则与安全原则是契合的，有趣。

升车，必正立，执绥。车中，不内顾，不疾言，不亲指。（乡党篇第十）

登车，要站端正，手攥住扶手带。在车里，不要转头看人，说话不要大声，不要急躁，也不要用手指指点点。

治国安邦要管理文艺和言论

孔子追求的是长治久安，维稳唯稳。同时，他不太主张创新，而主张继承优秀部分。这在今天叫作文化保守主义，在西方世界很吃得开。西方目前时兴的说法是：政治上的自由主义、经济上的社会主义、文化上的保守主义。

夏历、殷辂、周冠，其优越性定有说法，对此我没得说，略去不提为好。治国安邦要管文艺，这是咱们的传统。在孔子那时，乐是官方乃至王室典礼必用的，那是代表礼法与精神走向的，不管不行，好比我们在两会上总不能唱邓丽君或者迈克尔·杰克逊的歌曲。言论也要管，因为有善于言辞的佞人。

我想起了美国歌星芭芭拉·史翠珊一次演唱前的致辞，她说，只有知晓你是从哪里来的，才能知道你应该到哪里去。信然。

颜渊问为邦。子曰：“行夏之时，乘殷之辂，服周之冕，乐则《韶》《舞》。放郑声，远佞人。郑声淫，佞人殆。”（卫灵公篇第十五）

颜渊向孔子请教对一个邦国如何进行公共管理。孔子说：“推行夏代制定的历法，乘坐殷商时期人们乘坐过（制造过）的车辆，头戴周代通用的冠冕，音乐用《韶》与《舞》。放逐郑声（郑国民歌），远离花言巧语的佞人。郑国民谣涉嫌淫乱，靡靡之音；佞人之语涉嫌恶攻，危言耸听。”

礼乐出自人民

创造礼乐的是民人，是生活。婚丧嫁娶、种锄收藏、治乱兴衰，民人当然有自己的反映、自己的度过与纪念方式。积少成多、积短成长、积偶成为风习、积喜怒哀乐情绪起伏为约定俗成，乃有礼乐。而只有当礼乐出自人民，出自生活，使之人民化、生活化，成为久久积淀而成的生活方式的一个核心部分的时候，这种文化才有了根基，才成就了一个民族、一个地域的生活与文化范式。这是孔子所理解所关注的礼乐的本意。

孔子认为，很大程度上礼乐是四野之人自发积淀形成的，而不是君子按照一定的目标制定下发的。他首先关注的正是野人的先进文化。此话有相当的真理性，显然从这个角度解释此段言语，似能说得通，似可能接近本义。

先进于礼乐，野人也；后进于礼乐，君子也。如用之，则吾从先进。（先进篇第十一）

先头首创、生成礼与乐的，常常是四野的平头百姓；后来接受、修正、发展与延续此种礼与乐的，是辅佐君王的君子——精英人士。如果让我来选择，我更注意采用与研习先头的、成就于四野的礼乐原创范式。

礼乐不在其本身

孔子强调礼乐，盯着的是君君臣臣的秩序，而不是礼乐本身。只盯着礼乐本身，就是搞形式主义、走过场，甚至会走到繁文缛节、铺张浪费上去。孔子的礼乐论是为政治服务、为维稳服务的礼乐论，与如今的社交、外交、文明规范性、全民性的礼节讲究，与首要作为情感艺术的音乐观，相距甚远。

孔子此言中似乎隐隐有看低打击乐器的味道，不知方家如何理解。

礼云礼云，玉帛云乎哉？乐云乐云，钟鼓云乎哉？（阳货篇第十七）

我们说礼呀礼呀，难道就是指（赠送）玉石与丝帛这类礼品吗？我们说乐呀乐呀，难道就是指（敲响）钟鼓这类乐器吗？

礼应该与时俱进

夏、商的礼制都有可取之处，周则集其大成。但此后的各朝各代面对的是发展变化了的情势，发展变化了的人心，发展变化了的时尚，发展变化了的挑战与危机，而继承的是渐显老旧的周礼。此前的东西再好，已经或正在不合时宜或干脆大势已去，西周哪怕再好得不行，却硬是做不到复古了，又该如何呢?

周监于二代，郁郁乎文哉！吾从周。（八佾篇第三）

周朝的礼制是借鉴了夏与商两代的，然后使之变得愈益丰富，很辉煌也很灿烂！我就是要认同周朝（西周）的礼制呀！

唯礼论也需要与时俱进

孔子希望维护周礼，各种行为待遇都不能超标，否则国家和社会会陷于混乱。这一点他很坚持，但事实上又很难做到。他的坚持中不无保守，他的唯礼论又需要与时俱进。他本应看到礼法保证秩序的一面，还要看到除了礼法，还有其他的秩序建构与发展的因素，尤其是法律与经济规律，也是一种维持秩序的积极因素。就是说，礼法与其他社会组织原则一样，一要坚持，二要发展改革，任何时候都是这样。

邦君树塞门，管氏亦树塞门。邦君为两君之好，有反坫，管氏亦有反坫。管氏而知礼，孰不知礼？（八佾篇第三）

邦国的君王（才有资格）在自己府第的大门口修一堵墙，管仲也修这样一个照壁。邦君修筑置放酒器的土台子，为了宴请其他邦君的时候使用，管仲也修这么一个台子。如果这样做还算懂得礼法，那还有谁不懂礼法呢？

礼节可以成为快乐与享受

或说，习惯成自然。或谓，陶冶性情。或曰，大处着眼，小处着手。礼节成为约束，这是在最初。礼节成为生活方式，这意味着成熟。礼节成为快乐与享受，这是一种类似沐浴的光鲜与洁净。

乡人饮酒，杖者出，斯出矣。（乡党篇第十）

与乡里人士一起喝酒，喝完了，让拄拐棍的老人先走，等他们出去了，自己再走出去。

不要把礼弄成形式过场

礼是文化，礼是规范，礼是秩序，礼是约束。正因如此，如果一个人能从文化、规范、秩序、约束中感悟出巧笑与美目之倩与盼来，客观上这是一种预应力、一种预警文字：不要把礼弄成形式过场，不要把礼弄成表面文章，不要把礼弄成伪善作秀，不要把礼弄得面目可憎。

孔子认为，能够从对于美女的描写中挖掘出文化、礼仪、规范的内涵来，就可以谈诗了。这说明孔子提倡自浅入深、自低到高、自生活到道学地理解诗的精神。好处是，他的论诗是登高望远、超凡拔俗、教化培育、另成风景；憾处是，多少离开了生活，离开了性情，离开了原生态的具象，有点拔高。孔子的上纲上线的诗论，可以成为诗学的一个重要派别、伟大派别，如果做过了头，如果写到美人也是讲礼义，写到笑靥也是讲仁政，未免有不够朴素本色之嫌。

子夏问曰：“‘巧笑倩兮，美目盼兮，素以为绚兮。’何谓也？”子曰：“绘事后素。”（八佾篇第三）

子夏请教说：“（诗中所说的）‘那美妙的笑容有何等的姿色，那秀美的眼睛是怎样的顾盼，它们从朴素与天然中生发出怎样的绚丽多彩。’请问应该怎样理解这样的好诗句呢？”孔子说：“这就是美在天真，美在本色（在‘素描’的基础上才能着上缤纷的色彩）嘛。”

为人处世不可无礼

孔子一贯反对无礼，反对放肆，反对没大没小。

阙党童子将命，或问之曰："益者与？"子曰："吾见其居于位也，见其与先生并行也。非求益者也，欲速成者也。"（宪问篇第十四）

孔子住家那边的一个孩子出来传话，有人问："这孩子有什么长进吗？"孔子说："我看到的是他大模大样地在那儿一待，还看见他与长辈们并肩而行（不懂礼让）。他不像是一个求进步、求教益的人，而是一个想一步登天的人。"

感同身受是“礼”的要求与根基

别人碰到什么事，你要感同身受。关心人、同情人，这是最重要的“礼”的要求与“礼”的根基。

戴礼帽与失明放到一块讲，不知道是巧合还是有意，甚至是不是那时的礼帽太高大，戴上了影响视野？一笑。

第一，你是一个有正常反应的人。第二，你是一个不怕别人知道自己的反应与态度的人，不是深藏不露的阴谋家，不是莫测高深与莫知就里的异人，少来什么喜怒不形于色。第三，你是一个很容易被接受、被认同的人。

老庄的伟大在于他们的不同、特异、标新立异。孔子的伟大在于他的时时事事正常合情合理，而在众人都能接受的规范原则下，他做得最恰到好处。

见齐衰者，虽狎，必变。见冕者与瞽者，虽亵，必以貌。（乡党篇第十）

见到穿丧服的人，哪怕平常很熟悉亲近，也要改颜变色，表示同情震惊。见到戴着礼帽或失明的人，虽然与他们常见无怪，也要露出应有的表情与礼貌。

孝是内心道德情感，礼是外在举止规范

孝是内心道德情感，礼是外在举止规范、程序、仪式。孔子主张用外在的规则要领，来规范内心道德情感的表达。强调礼，好处是有章可循，以免把对于道德情感的要求空洞化、泛漫化、歧义化，再说各种礼仪程序也能反过来起强化导引道德情绪的作用。

而把自自然然的孝心变成礼法的坏处，是某些缺少孝心的人，变孝为形式主义、走过场，甚至是作伪装样。

生，事之以礼；死，葬之以礼，祭之以礼。（为政篇第二）

父母在世，应该按照礼法来侍奉，无所违背；父母去世了，按照礼法料理丧事与进行祭奠，也是无所违背。

敬是内功，礼仪是外功

不但要求行为，而且要求动机；不仅要求实务，而且要求致敬的礼仪。这是孔子的一贯主张，也是他以文化人身份所做的高标准推敲讲究。

敬是内功，礼仪是外功。礼仪制定的目的是表达敬意，却不一定能保证真正的敬。礼仪形成了礼法、礼制以后，似也可能变成刻板的照本宣科。而离开了赡养，如今已是普适法律义务的敬也难被人珍重。除了特殊的不可抗力因素造成的后果，孝而不好好养或连赡养父母的有效努力都没有，是不可思议的。

今之孝者，是谓能养。至于犬马，皆能有养；不敬，何以别乎？（为政篇第二）

如今讲孝的人强调的是养活父母。如果说养活，狗啊马啊，人们也是要养活它们的；如果没有了对于父母的尊敬，对待父母与对待犬马又有什么区别呢？

人的一举一动都需要规范

一举一动，一颦一笑，都有规范，现在看有点小儿科，甚至不如自然天成随机朴素。但是想想看，在礼崩乐坏的局面下，孔子搞出点规范来，是有意义的。例如，精神面貌，左右兼顾，见客人来了快走两步，还是可取的，尤其赶上后世的游击习气、不文明现象泛滥之时。

君召使摈，色勃如也，足躩如也。揖所与立，左右手，衣前后，襜如也。趋进，翼如也。宾退，必复命曰："宾不顾矣。"（乡党篇第十）

君王让孔子接待外宾，孔子立刻精神奕奕，步履矫健。他向左右两侧站立的人们行作揖礼，衣服前后摆动，整齐有致。见到来客，赶紧上前几步，如鸟儿展翅，以示热情礼貌。客人走了，要向国君报告："客人已经走（远）了，不再回顾辞谢了。"

小事也要遵守规矩

孔子的社会政治思想的核心是上下、长幼、尊卑、正偏的秩序、规范、礼制。那时弄个歌舞，也是贵族特权，是地位也是阶级的标志，岂可乱了规矩？中华整体思维的模式是：小事不按规矩办，大事必将出现极其严重的后果。不按规矩表演歌舞，就会不按规矩行政执法，就会不按规矩治国平天下，怎么得了？

八佾舞于庭，是可忍也，孰不可忍也？（八佾篇第三）

他居然在庭院里搞八行阵仗的歌舞，如果这样的事都能容许，他什么事还干不出来？

谦逊礼让是一种品质

孔子喜欢的是谦逊礼让，是小心翼翼，是战战兢兢、深渊薄冰的人，而不是锋芒外露、信心满满、争强好胜、张扬自我的人。这样的道德规范，客观上起着约束竞争的作用，有利于学习、团结、统一、掌控，但有时不利于创造、维新、突破、进取。

子使漆雕开仕。对曰："吾斯之未能信。"子说。（公冶长篇第五）

孔子让他的一个名叫漆雕开的学生去做官。漆雕开说："我不太相信有这个可能呀（或我对此没有什么信心呀）。"孔子听了很高兴。

做任何事都要敬畏与认真

孔子做任何事都包含着敬畏与认真，克制着马虎与漫不经心，这确实感人。

随着人的生活的社会化、信息化、公共化、开放化，随着礼节的确定化、程序化，人际交往还包括外事与准外事活动，越来越繁多复杂。有些做法与用语也渐渐变成了套话，诸如英语信件中抬头上加“dear”（亲爱的或尊敬的），署名时加上“yours sincerely”（你的忠实的），我国则是一切活动的讲话都要祝“圆满成功”……都像孔子那样认真当真，确也不易。

我国古典小说里已经嘲笑“给了个棒槌就当针（真）”，民间也有“拿着鸡毛当令箭”的俚语。人生的松与紧、宽与严、轻与重等，是要有一个平衡的。孔子当年，还没顾上这一面。到了庄子那边，“彼亦一是非，此亦一是非”，“姑妄言之，姑妄听之”，另是一番机灵与超脱。他们各有长短。

礼节、礼仪、礼貌用语与礼节活动，不确定化不能被人们理解与接受，确定化、风俗化、公认化、标准化又容易变成老一套、套子、形式，直到令人质疑与厌倦。人啊，你的文化规范也真是难矣哉！

问人于他邦，再拜而送之。（乡党篇第十）

委托他人问候看望不同邦国（诸侯国家）的友人（或亲戚）时，向被委托者或使者作揖行礼两次，恭送他离去。

对自我要有恰当的定位

知礼，主要是知道长幼、尊卑、上下、前后的道理与规矩，对自我有恰当的定位，符合秩序与和睦的要求。否则，你本身成为一个破坏性因素，成为一个乱臣乃至贼子，还有什么立不立的?

不知礼，无以立也。（尧曰篇第二十）

不知道礼法的精义与规定，你也就站不住脚。

礼不是谄媚，也不是龟缩

烧香磕头是安全的，合乎礼仪，彬彬然似君子也，所以有作秀的人去掺和。见义勇为则是指有风险、有代价的事，一般人不敢轻易尝试。

孔子提倡礼，却又将礼分成了可能谄媚的事宜与可能龟缩的事宜，他老人家不是那么好糊弄的。因为他老人家是贴近生活的活人，不仅仅是道学先生，更完全不是书呆子。当然，见义不为与见义勇为的诸种细节说起来也不会那么简单。

非其鬼而祭之，谄也。见义不为，无勇也。（为政篇第二）

去祭祀并非自己的亲属故旧的死者，更像是在谄媚。见到本应挺身而出的事变，而缩头到一边躲闪起来，则是没有勇气的懦夫。

做任何事情，都不仅是事情本身

人是文化的动物，做任何事情，都不仅是事情本身，而是代表一种恭敬、一种对于礼数的心悦诚服、一种合群从众的品质、一种顺规矩而行的自觉。孔子强调礼，良有以也。

虽疏食菜羹，必祭，必齐如也。（乡党篇第十）

虽然只剩下了粗粮素菜，该祭祀的时候还是要认真祭祀，而去祭祀，就一定要斋戒沐浴，恪守礼数。

对“礼”的重视，是中华民族的共同特点

想起了我在新疆农村时，我应邀参加穆斯林乡亲的乃孜尔（祈福消灾的小聚与祷告活动）。当人们诵经时，我郑重地坐在桌旁，微微低头不语，态度严肃。

对于“礼”的重视，是中华民族，包括各兄弟民族的一个共同特点。

乡人傩，朝服而立于阼阶。（乡党篇第十）

乡里人士举行驱鬼除祟的仪式活动，孔子穿着整齐地站立在东边的台阶上。

礼即仁乎

自律就是仁？坚守礼的底线就是仁？这个说法在语义学与逻辑学上有一点吃力。怎么对仁的答复全是礼，难道礼即仁乎？

还因为这样的关于自我约束、关于不要做什么事的高度自觉自律的表述，让人们首先想到的是谨小慎微，是行为方面的谦谦君子，而不是心性方面的仁爱仁义。

问题在于，孔子的学说认为：秩序来自礼制教化，而不是仅仅来自权力；权力来自德行的光辉（譬如北辰，众星共之），而不是来自强力、暴力、霸业与组织力，也不是来自法制、民主、神祇（君权神授），不是来自历史规律；礼制呢，不是来自权力的压迫，而是来自心性的自来善良，来自本能的先验的孝悌情性。

孔子的逻辑是：心性产生善良，坚持善良的高端人士中产生了圣贤，圣贤的教化完善了心性，使得原生态的善良本性文化化、固定化、条理化、可传播化，从而产生了道德；道德的外化与可操作化，产生了礼制；礼制反过来抑制住心性中可能有的魔障，如贪欲等，便产生了不可逆化的秩序。所有这一切“一以贯之”，整合为仁或名之为道。

非礼勿视，非礼勿听，非礼勿言，非礼勿动。（颜渊篇第十二）

不合乎礼法要求的东西不去看它，不合乎礼法的言语不去听它，不合乎礼法的话语不去说它，不合乎礼法的事情不去做它。

第六章

中庸：恰到好处于一千种言行选择之中

中庸之道也是仁的表现

中庸之道，实事求是，实话实说，这也是仁的表现，不仅是思想路线问题，也是政治道德问题。仁哉子贡，甚至对于已经臭名昭著的、开始遗臭万年的暴君商纣，他也说公道话。

君子也罢，小人也罢，谁也不愿意处在下风口、下游之地。但如果是真正的君子，要有宁冒跌到下风口去、下游去的危险，也要挺身捍卫真理。想到这一点，子贡就更可爱了。

子贡曰：“纣之不善，不如是之甚也。是以君子恶居下流，天下之恶皆归焉。”（子张篇第十九）

子贡说：“商纣王其实没有像现在说的那样坏。所以君子不希望自己处在（下风口）水的下游，一处到下风口——下游，天下的什么坏事就都扣到你头上了。”

整体性的中庸之道

孔子的一贯主张，要的是形式与内容的统一，仁义道德与礼乐优雅的结合，心功内功自我反省与行为举止仪态的外功理应互动。孔子及其门徒，反对虚文矫饰、巧言令色，也反对粗野随性、“游击习气”。他重视教化，重视学习，重视克己复礼，重视言语、行为、容色的规范。他的这一观点很宝贵，也很实在，至今颇有意义。

孔子谈论任何问题时，力求面面俱到，几个方面都注意到了，这样就做到了中庸。中庸的好处在于它是如庄子所讲的“道枢”，它是大道的圆心，它照顾到各个方面，它是整体主义、互动主义、适宜与分寸主义，反对的是极端主义、分裂主义、夸张恐怖吓人主义。对于多灾多难的中华民族来说，这样的整体性的中庸之道，还是非常宝贵的。

文犹质也，质犹文也。（颜渊篇第十二）

言辞文饰，也是质地的一个有意义的表现呀；质地呢，也正是通过文辞等一定的形式表现出来的啊。

和而不同的中庸之道

和而不同，能够通向一种现代民主精神，承认多元，尊重少数，服从多数，尊重与保护任何人保持不同见解、不同行为方式的权利，维护和谐稳定。

当时孔子不可能想这么多，但他至少发现了君子的这个特点。君子，有头脑，有见解，岂能苟同？不同，也要文质彬彬，谦恭有礼，既讲礼法，又讲秩序与大局，如何能因意见不同而闹到不和生变的地步呢？

和而不同，需要教养，需要礼制与法制，需要中庸之道，需要使命感与责任感。

更妙的是孔子也了解小人的同而不和。什么叫同而不和？动辄拉帮结派，歃血为盟，坚如磐石，全票百分之百，情绪化、利益集团、山头宗派；转眼时过境迁，各种生压硬捂起来的矛盾终于露馅儿，明争暗斗，瞬间为敌为友，这样的事例还用列举吗？

孔子讲理想，动辄希望从心上端正初衷，培育仁德，懂得什么是君子之心之德之治。同时，孔子老到，接地气，懂得人情世故，也颇懂小人。他看透小人的同而不和，不易，他的目光有穿透力。

君子和而不同，小人同而不和。（子路篇第十三）

君子和睦而不绝对一致；小人一致抱团，但互相并不和睦。

中就是准确，庸就是正常

中就是准确，庸就是正常。先秦时期，政治斗争搅动天下，斗红了眼、拼死拼活的时期，谁还顾得上中庸？民人百姓，更容易被煽动得“刺刀见红”，双目喷血，中庸可不是鲜（久违了）矣。但孔子的逻辑应该是诉诸君子，民不中庸，责任在权力系统。尤其是君子们，君子们也不中庸了，君子复有什么君子性可言？这也是“觚不觚”了呀。

中庸之为德也，其至矣乎！民鲜久矣。（雍也篇第六）

作为一种德行的中庸是极端重要的了。老百姓很久没有讲究这个了。

过犹不及的方法论

过犹不及，是孔子的重要论述，是一个避免极端性、片面性幼稚病的重要思路，是人品，也是方法论，更是处世要义。过去如此，其后如此，至今仍如此。

当然，在大革命时代，在战争时期，在各种矛盾高度尖锐化的时刻，会有人提倡激烈拼命，指出不过正不能矫枉，指出为了给一间屋子打开门窗必须做出拆房的姿态。但那毕竟是非常情况，稍有进展，如革命成功了，政权到手了，就不能再一味激烈夸张下去。

子贡问：“师与商也孰贤？”子曰：“师也过，商也不及。”曰：“然则师愈与？”子曰：“过犹不及。”（先进篇第十一）

子贡问：“子张与子夏，哪个更胜过另一个？”孔子说：“子张呢，做事说话，有点过头；子夏呢，说话做事，欠点火候。”子贡说：“这样说，是不是子张略胜一筹呢？”孔子说：“不是的，过头与不足，二者差不离。”

一颗仁心，两手准备

孔子说，道走不通了就坐小船去游海；庄子说，大葫芦在日常生活中没有什么用处，那就坐着它去游江湖；李白说，“人生在世不称意，明朝散发弄扁舟”。中国就是中国，孔子就是中国，他是主张入仕的，但他也时时有闹不成的准备：他是一颗仁心，两手准备。

孔子说自己的学生，都是两分法，两点论，有长处也有局限，有品德也有不足，算是中国的传统教育学与“做人学”吧，不要把话说满。

子曰：“道不行，乘桴浮于海。从我者，其由与？”子路闻之喜。子曰：“由也好勇过我，无所取材。”（公冶长篇第五）

孔子说：“我所主张的大道理、大原则如果得不到采纳与实行，我就坐一个小木排去海上旅行。谁能跟随我去呢？我看多半是子路吧。”子路听说后，十分快乐。孔子说：“子路那种愿意当勇士的劲头超过了我，别的倒也没有什么特别可取之处。”

人生的平衡之道

中国人自古就有进与退两手准备，攻与守两种战略。一方面提倡的是胸有大志，另一方面不能不看到好多人大志落空，蹉跎终生。考虑到这一点，所谓“进可以攻，退可以守”，所谓“立于不败之地”，所谓“达则兼善天下，穷则独善其身”，所谓“邦有道则知，邦无道则愚”，所谓“以出世之心行入世之事”，都很智慧也很微妙有趣，为大量的受挫者与一时得意仍免不了被受挫的阴影笼罩的读书人所激赏。

莫春者，春服既成，冠者五六人，童子六七人，浴乎沂，风乎舞雩，咏而归。（先进篇第十一）

到了暮春时节，穿上了春季的服装，找上五六个成年人，加上六七个年纪小些的孩子，到沂河里戏戏水，到舞雩祭台上吹吹风，吟咏歌唱着回来，这就是我的志愿了。

知止而后有定

国人认为，悲哀不悲哀，也有道德原则管着。故而发现遇到灾难还保持微笑的人，网民们要将人肉搜索进行下去，直至搜出一个贪贿囤表的“表叔”来。同时，像庄子那样齐寿夭与生死，那么夸张地表示对妻子的死全不在意，也是难于被公众接受的。

但又不能悲得过分，日子还得由活人过。经历死别，对生命只能更加珍惜而不是相反。

悲意到了，意思到了，就可以了。这也是中庸。

止是停止，也是目标，所以古人讲知止而后有定。

丧致乎哀而止。（子张篇第十九）

治丧居丧，达到悲哀的程度也就可以（也就达到目的）了。

恰当的举止姿势也是中庸

任何时候任何举止姿势都不可过于放肆，但也不必呆板绷紧。这应该也是中庸吧。当然，谁也不能时时刻刻紧绷着弦。

寝不尸，居不客。（乡党篇第十）

孔子睡觉的时候不直挺挺地“挺尸”，在家时则不必像做客时一样地端正跪坐。

无往而不适

民间高人，无欲无求，无虑无忧，与《楚辞 · 渔父》中所讲的“沧浪之水清兮可以濯我缨，沧浪之水浊兮可以濯我足”，即水净了洗帽子，水脏了洗脚丫子，无往而不适的调子是一样的。

自命精英者受挫，干脆到人民当中去，确为自我救赎之一法。我有此经验也。民间确实也有想得开、说得通、无可无不可、绝不较劲置气的人物。到了人民那里，人们也就不再闹腾什么怀才不遇、忠而见疑的老戏码了。

鄙哉，硁硁乎！莫己知也，斯己而已矣。深则厉，浅则揭。（宪问篇第十四）

你的见识太浅陋了啊。吭哧吭哧的，抱怨别人不了解自己哟。人生就是那么回事嘛，水深的地方，蹚过去嘛，水浅的地方撩起大襟也就过去了嘛。

打破思维定式

应该说，孔子也有自己的招数、权术、城府。问题在于孔子更加强调的是修身，是治心，是道德，是忠信笃敬，这样他就与阴谋家、投机分子、蝇营狗苟者划清了界限。

我们有一种思维定式，认为德与智必然矛盾，有谋略、有智慧、有招数的人往往不是好人，只有傻子，只有鲁莽、愚笨、拼得头破血流的人才是榜样。我们的口号动辄是老黄牛，然后是革命的傻子，为什么不能提倡革命的智多星呢？仁者乐山，智者乐水，山水有什么矛盾，谁说不能兼得？想想看，世界的进步是靠鲁莽愚笨与头破血流换来的吗？

所以，我们有另一路的民间格言："可怜之人必有可恨之处。"

知者不失人，亦不失言。（卫灵公篇第十五）

有智慧的人，既不会失去人才，也不会说错话。

思路应当多元立体、交叉并行

古代中华逻辑具有某种夸张性和绝对性，一人一事一现象，我们有时用如果人人都如此将会如何来衡量，而这样的绝对化前提压根不存在。有人隐，有人仕，本来很正常，各得其所，有何不可？但以权力化的逻辑说，如果人人都隐起来，国家岂不完蛋？于是，隐者该杀。怎么不想想，如果所有的士都争那有限的几个官职，不也并非吉祥吗？为什么我们的祖先缺少多元立体、交叉并行的思路呢？仕者得权、得禄、得地位、得推行自己信服的义理的可能；隐者得自由，得平安，得清誉，得琴棋书画、诗词歌赋、清风明月……有什么必要互相攻击不容，有什么理由要得了便宜还卖乖？

子路曰："不仕无义。长幼之节，不可废也；君臣之义，如之何其废之？欲洁其身，而乱大伦。君子之仕也，行其义也。道之不行，已知之矣。"（微子篇第十八）

子路评论说："不肯出仕，是不符合道理的。长幼的规矩，岂能随便废除？君臣的名分与原则，又岂能不算数？隐者追求清高，其实是违背了更大的人际关系准则。君子出仕做官，是为了履行自己的道义担当。至于自己的理念未必能够落实，我们早就知晓，君子对之并不抱不切实际的希望。"

看问题，角度不能太单一

孔子显得比原思老练乃至世故得多，合法的物质待遇不是放弃与否的问题，而是如何使用的问题。道德至上不是拒绝物质利益，而是最佳利用物质资源。

原思为之宰，与之粟九百，辞。子曰："毋！以与尔邻里乡党乎！"（雍也篇第六）

原思当了孔子的家邑宰，能得到九百斗粮食的俸禄，他推辞不要。孔子说："不必。你可以给你的邻里乡亲们嘛。"

凡事皆有度

孔子对精神方面的节度，讲究得很细致。乐而不淫，哀而不伤，有时还要加上怨而不怒，已经成为我们民族感情生活的美谈。从教育学与心理健康的角度看，这样讲是有道理的。

此而不彼，是孔子论述问题的一个中庸模式，此后还有威而不猛、泰而不骄、欲而不贪等。看来这个模式接近于“过犹不及”，以及后世所谓的“适可而止”“反对一种倾向的时候，警惕另一种倾向”等修身、做人的要义。

《关雎》，乐而不淫，哀而不伤。（八佾篇第三）

《诗经》里《关雎》一诗的特点是，快乐而不放浪，哀怜而不伤痛。

防止极端的倾向

防止一种倾向的时候也要防止另一种倾向。视别人为敌，老是不惮用最坏的心思去想别人，太痛苦，太激愤，也太伤身心。以善对人，但世事洞明，眼里不掺沙子，这是孔子的理想。

不逆诈，不亿不信，抑亦先觉者，是贤乎！（宪问篇第十四）

不预设别人是欺诈的，不猜测别人是不讲诚信的，但是对一切不良不端仍然能够洞察防范，仍然能够防微杜渐、先知先觉，这是贤明啊。

凡事需要随机应变

士、君子、王侯不可能拘泥于已经说过的话和已经开始的事，他们能权衡哪些话必须不打折扣地兑现，哪些话可以且做且调整应变，哪些事必须一竿子插到底，哪些事做不通了只好放弃或调整改变。政务、军备，应该还有体育比赛、文艺创作、市场营销等，都会是千变万化，需要随机应变，而不能死守诺言与计划的。这当然有理，但此种思路会在客观上助长机会主义。

虽然不容易，但是人们还是有可能区分什么是有底线、有主心骨的调整变化，什么是失去主张、摇摆困惑、迷失方向的所谓调整改变。

言必信，行必果，硁硁然小人哉！抑亦可以为次矣。（子路篇第十三）

说话守信用，做事有结果，（说话算话，做事坚持，）做一个规规矩矩的小老百姓！不过也能算是次一等的士人吧。

保持距离是最最聪明智慧的选择

鬼神之说之事，有信仰的激情，无逻辑与实用的必然。恭恭敬敬对待，符合民意，符合本人的敬畏天地正义之良知。不能掉以轻心，不能油腔滑调，但又不能与之纠缠不休。因为鬼神之说之事，既代表了人类的信仰与敬畏，又常常与愚昧无知混淆在一起。“远之”，既不是纠缠之、忽悠之、狂热之，也不是斥之、灭之、挑战之、决裂之，当然是最最聪明智慧的选择了。

务民之义，敬鬼神而远之，可谓知矣。（雍也篇第六）

多做对民人有意义、被民人认为是有道理的事，至于鬼神，要恭恭敬敬地对待，但不要陷在鬼神之事上，要与鬼神之说保持一些距离，这才是聪明有智慧。

适可而止最好

一事定下来时可能毫不犹豫，一听或一想就干，其实在脑子里此前已经酝酿过不知多少次了，或者已经有思想准备、认识基础了。定不下来时，更是一想就是许多遍，一百遍也不算多。再说，不同的事，有不同的处理过程，其思考、商量、改变、修正、完善过程算多少遍都行。

孔子确实注意行事时对于度的把握，即使是三思后行这一类不易量化的话题，夫子也认为适可而止最好。

季文子三思而后行。子闻之，曰：“再，斯可矣。”（公冶长篇第五）

季文子做什么事都要反复思考斟酌多次才决定。孔子听说后，评论说：“思考一次，再思考一次，也就行了。”

“避”是难得的智慧

我知道的与实践的是“大乱避城，小乱避乡”，从而避开了“文化大革命”之乱。也有反过来说的，“小乱避城，大乱避乡”，指的是小乱避到城里去，大乱避到乡下。这与前面说的大乱避开城市，小乱避开乡村，意思完全一样。

贤者辟世，其次辟地，其次辟色，其次辟言。（宪问篇第十四）

贤人能够避开乱世，其次能够避开发生动乱的地方，其次能够避开恶意与怠慢的容色，再次的则是避开恶言恶语。

讲进退，不较劲

孔子是讲进退、用藏、舒卷、智与不智、荣与不荣的，他并不较劲。这里的说法甚至与老庄相通。

但这与陆游诗中所说的“位卑未敢忘忧国”的情怀相悖。当然，也可以说，忧国不等于谋其政。谋其政，太具体也太过分啦；而忧国云云，只是表达一种家国情怀而已。

不在其位，不谋其政。（泰伯篇第八）

不在那个职位上，就不要对那个职位的政务事宜思谋言语过多。

做事不极端、不惹祸

自古以来，我们的社会资源高度集中在权力系统手中，以权力中人的口气说话，泰山压顶。进这个系统，出这个系统，伸头一刀，缩头一刀，左右为难。

好在那时的专制主义还不像后来发展得那样完备细密，孔子可以为官，也可以专门教学，加上他做事不极端、不惹祸，才卓有成就而能享其天年。

孔子是“过于聪明的中国知识分子”吗？是仁、义、礼、智、信的模范吗？是勉为其难、守身如玉、煞费苦心、知其不可而为之，做到最好了吗？

谓孔子曰：“来！予与尔言。”曰：“怀其宝而迷其邦，可谓仁乎？”曰：“不可。”“好从事而亟失时，可谓知乎？”曰：“不可。”“日月逝矣，岁不我与。”孔子曰：“诺。吾将仕矣。”（阳货篇第十七）

阳货对孔子说：“过来，我有话对你说。”阳货说：“肚子里有高招却任凭自己的邦国混乱，这可以叫仁德吗？”回答说：“不可以叫仁德。”阳货问：“你想做点有意义的事情，却屡屡错过机遇，这能叫智慧吗？”回答说：“不可以叫智慧。”阳货说：“岁月流逝，时间不会等待你啊！”孔子说：“好的。我会出来做官的。”

没辙了不妨打道回府

学生都非常优秀，老师之高明可想而知，但也有受困遭难之时，这就是命运、际遇，不得不打道回府。读到这儿，是不是有点凉快感？《论语》之妙就在于它不仅教给你仁义道德、孝悌忠信，也告诉你没辙了别犯傻，不妨打道回府。

归与！归与！吾党之小子狂简，斐然成章，不知所以裁之。（公冶长篇第五）

回去吧！回去吧！我的这一帮子学生徒弟，志气宏伟，文采斐然，（遇此困厄，）我不知该如何对他们进行调教（或为之定夺）。

既往不咎

使人战栗、恐怖的统治不符合孔子提倡的仁政与王道原则。

既往不咎，比较富有可操作性，网开一面，旧账不可以算起来没完。用当代的说法则是，对于历史问题，宜粗不宜细。但孔子又有温故知新的教导，既往不咎则可，既往不温、不记载、不记取、不承认，是不可以的。

也许可以换一个说法，政治操作上，对过往的事件、过往的麻烦宜粗不宜细；学术研究、历史写作上，则要认真对待，温故而知新。

成事不说，遂事不谏，既往不咎。（八佾篇第三）

已经完成了的事情不必再议，已经实现了的事情无法改变，过去了的事情也就不必再追究责备了。

随机应变的可能

史鱼向卫灵公劝谏人事上的事，卫灵公不听。史鱼认为是自己没有尽到责任，临终前要求儿子降低治丧规格。卫灵公深受感动，在史鱼死后接受了他的用人之见。这个事迹让我感到的倒是卫灵公并非独夫民贼，其实相当能听意见，而且很看重与臣子们的感情。史鱼如果碰到一个比卫灵公更颟顸凶恶的，会是另一种不是动人而是吓人的结果。

孔子为侄女找婆家的时候，注意的是有道时进取，无道时自保平安。客观评论的时候，不拐弯、不讲进退策略的如史鱼者，他也礼赞有加。假设是有所拐弯、知进退、善于自保的，他更要为之找出一个“说法”来。贤臣就是贤臣，好人就是好人，具体做法或有不同，被孔子见爱的幸运则是同一。好人也是一而多、多而一、相互容有不同的；而孔子的总结与教诲，同样也是既有统一性又有多样性与随机应变的可能的。

子曰：“直哉史鱼！邦有道，如矢；邦无道，如矢。君子哉蘧伯玉！邦有道，则仕；邦无道，则可卷而怀之。”（卫灵公篇第十五）

孔子说：“史鱼这个人是何等耿直呀！邦国依道运行的时候，他为人就像射出去的箭一样直直地运行；邦国无道，没了章法啦，他照样像射出去的箭一样耿直做人。那个蘧伯玉呢，也真是君子呀！邦国有道合乎章法，他就出仕做官；等到邦国无道出现乱象的时候，他就卷铺盖走人啦。”

损有余而补不足

孔子在财务处理上，也是唯道德论，即首先是帮助困难户，帮助弱势家庭，与老子讲的天之道是“损有余而补不足”是一致的。但财务管理上却常常发生倾斜于先进、倾斜于发达、倾斜于富裕的现象。一个地方成了先进单位，一个人成了先进人物，有了先进事迹，于是各方主管、各路豪杰都来视察、总结、取经、推广、开现场会议、上头版、上联播、写报告文学……随之各种投资、项目、奖励、扶持，一直到慰问演出都来了，最后形成旗帜，上下左右都有义务保证旗帜不倒……这里不必细谈，有趣的是孔子早就碰到了这一类现象、这一类问题。

君子周急不继富。（雍也篇第六）

君子注意的是周济急需，而不是给富人锦上添花。

可进可退，才能立于不败之地

用行舍藏，是在中国很有名的话，特别是有志于或有机会在仕途混迹者，不是一条单行线而是双向准备，不一味求进而是两手准备，可进可退，才能立于不败之地。

这就是中庸，不蛮干，不轻易拼小命，考虑到不止一种可能，凡事都能胜任愉快。

暴虎冯河，死而无悔者，吾不与也。必也临事而惧，好谋而成者也。（述而篇第七）

赤手空拳打老虎的人，无船无楫靠两条腿蹚水过河的人，死了也不在乎的人，我不能与他们结伴。我要的是遇到事能有所畏惧，从而做到谨慎周密，好好谋划而争取成功的人。

此亦一是非，彼亦一是非

孔子处处注意到因材施教，注意到自己的话语对弟子的针对性，这当然是自古以来颇受推崇的。师从孔子的目的与其说是解决应变策略问题，不如说是解决根本的原则问题。从教师那边学到了基本的知识、观点与方法，具体事务如何处理是自己的事。如果老师动辄灵活到此亦一是非、彼亦一是非的程度，或许反倒不易搞清楚了。

总体说起来，中华传统文化的思想方法，灵活性、机变性比较发达，谋略性、闪烁性、含糊性也时有闪光，而科学性、实证性、逻辑性尚有改善的空间。不知此段能否引起我们这方面的思考。

求也退，故进之；由也兼人，故退之。（先进篇第十一）

冉有性子迟疑，要鼓励他去行动；子路性子急躁，要给他降降温。

中庸就是坚持原则

经过几千年的淘洗冲刷，现代生活中讲到“中庸”甚至会让人想到圆滑，原因就是中庸不偏激、不刺激、不狂躁、不极端，中庸从根源上坚决否定极端主义、分裂主义、恐怖主义三股黑暗势力。但孔子又是坚决反对八面玲珑的“乡愿”的。其实，中庸对于三股黑暗势力来说，就是坚持原则，坚持明辨是非，绝不随波逐流。仁爱对于凶恶，恭谨对于犯上作乱，文质彬彬对于蛮不讲理，诗书礼乐对于横行霸道……正是挑战与坚守，是黑暗势力的掘墓人。

乡愿，德之贼也。（阳货篇第十七）

八面玲珑，圆滑处世，这就是道德上的蟊贼呀。

坚持原则而不固守成规

孔子的中庸之道，或解为正直而不拘泥于守信，或解为守大信而不是小信，都略感别扭。还是再抽象化一点，就好接受了。

君子贞而不谅。（卫灵公篇第十五）

君子坚持原则而不固守成规。

讲原则与义理，也要讲实效与功利

孔子对于平安、发达、富贵，并不排斥，当然也多次讲过“不义而富且贵，于我如浮云”。孔子讲原则、讲义理，但也讲在符合义理原则前提下的实效与功利。

其实古今中外，莫不如是。就说择业吧，首先得选有发展前景的，同时要选合法的、不违背乡风民俗与正当舆论的，但这却未必是你个人真正喜爱的。找不到兴旺发达的阳光职业，或虽有某种就业可能却违背公意，您在求职或创业上失败以后，还不如退而搞点兴趣至上的呢。发展，是要以满足社会需要为前提、为代价的；兴趣，则是满足自己的快乐需求。

而孔子的“不可求”三个字可能包括“求不成”，也可能包括“不能去求”的含义。如果为了事功而去干一些违背自己做人底线的事情，可求也就变成了不可求。可求的条件之一是正当性，之二是可能性，之三是非危殆性即安全性。正当性就是道性，但求不仅仅是道性。

子曰：“富而可求也，虽执鞭之士，吾亦为之。如不可求，从吾所好。”（述而篇第七）

孔子说：“有能够（正当地、有把握地）达到富贵发达的机会，就是当催巴儿我也可以干。如果没有这样的机缘，我就干点我自身感兴趣的事情吧。”

不要以极端例子来要求日常生活

我们有时候会犯一个“拎不清”的失误，以一个极端的例子来要求日常生活。例如，我们可以举邱少云的例子，要求一个员工应该忍受难以忍受的遭遇。但我们至少应该拎清在什么条件下英雄人物才会不声不响宁可让自己被火焰吞噬。

子谓南容：“邦有道，不废；邦无道，免于刑戮。”以其兄之子妻之。（公冶长篇第五）

孔子说起南容，他说：“在邦国有章法讲道理的时候，他不会被埋没闲置；在邦国没了章法没了是非标准的时候，他不会触霉头受刑罚。”于是便将自己哥哥的女儿许配南容为妻。

毋意，毋必，毋固，毋我

孔子的四绝论（毋意，毋必，毋固，毋我）与当时的背景有关，那时的大人物都在争权夺利，都企图覆盖包圆独吞天下，都以为己方必胜。四绝（四毋）的核心是“毋我”，一旦突出了、膨胀了我，就必然会妄自尊大，就必然只认一方面的理，就必然僵硬呆木，拒不改革开放。

四绝的说法还有一个重点，人——君子们应该聪明通达、与时俱化，不要死板呆木、钻牛角尖、墨守成规、四处碰壁。

所以至今这四绝仍有意义，我们希望从《论语》中挖掘出有利于心智发展、改革开放、发展进步、安居乐业的精神资源，而不是要子曰诗云、死记硬背、汉服扎靠、回到古代。而今天常说的批判私心杂念、独断专行、停滞不前、骄傲自满，也可在孔子的教导中找到端倪，并引导它们与好学敏求、见贤思齐等这些完全能够通向世界、通向未来、通向现代化的儒学精华接轨。

子绝四：毋意，毋必，毋固，毋我。（子罕篇第九）

孔子的自我要求是，绝不沾染下列四种毛病：不要任意妄想、意气用事；不要死认一个道理，搞绝对化；不要僵硬呆木、故步自封；不要以自我为中心、刚愎自用。

不可搞机会主义

无道有道，不同形势下的不同对策，孔子讲了很多。他注意战略与策略的差别、进取与自保重点之不同，他提倡清醒与有理有利有节的方针，同时仍然恪守大义，不可搞机会主义。

邦有道，危言危行；邦无道，危行言孙。（宪问篇第十四）

邦国有道，说话正直端方，做事正直端方；邦无道，做事仍然要正直端方，说话则要低调克己。

中庸之道不是不分青红皂白地捣糨糊

恰如法国哲学家狄德罗所说：人人都骂，使人悲哀；人人都夸，更使人无地自容，因为只有伪君子才能如此“成功”。

不要企图获取全票，也不要怕有人反对，人间的分歧斗争不可避免，是非善恶的区分不可避免。不当乡愿，不和稀泥，不要以为中庸之道是不分青红皂白地捣糨糊。

未可也。不如乡人之善者好之，其不善者恶之。（子路篇第十三）

未必是那样坏。其实更理想的情况是，一个地方的好人都说他好，一个地方的坏人都说他坏。

第七章

君子的正途：『仁』是最高的智慧，『德』是最大的力量

君子有道的三个方面

仁者不忧？应该是指不为自身的私利、私欲、私情而忧，却总还要忧国忧民、哀民生之多艰吧。

智者不惑？当然，智者的困惑会少于常人。原因不是智者什么都明白，什么困境下都有办法，而是智者清楚地知道自己有许多东西是不知道的，没有办法弄清的。过去不行，现在不行，将来也未必行，这正是清明坚定、无惑无迷的根据。

勇者不惧，似乎简单明了。问题是不惧是君子之道吗？那要看不惧什么了，应有的敬畏不可少。例如，老子提倡“勇于不敢”，够绝的，可见勇者不惧也不是那么小葱拌豆腐——一清二白的。

仍然可以说相对真理恰是如此。一般说来，概括说来，嘀嘀咕咕、畏首畏尾、锱铢必较、患得患失的人不是君子。君子毕竟有一种胸怀，有一种把握，有一种明断。

君子道者三，我无能焉：仁者不忧，知者不惑，勇者不惧。（宪问篇第十四）

君子有道的表现有三方面，我还没有做到：一是胸怀仁德，没有忧愁焦虑；二是腹中足智多谋，没有犹豫迷惑；三是浑身是胆，没有恐惧退缩。

君子关心的是全局

几千年来，莫不如此，君子是有理念的，又是实事求是的，考虑的是全局，是公心，是人民与事业；小人考虑的是山头，是宗派，是坐地分赃。某些人，更喜欢搞鼠肚鸡肠的一套，整天叽叽咕咕，不仁不义，不文不艺，不邦不国，只知道"十几个人，七八条枪"的私利。

君子周而不比，小人比而不周。（为政篇第二）

君子周到均衡、大气包容，小人则是相反，勾搭拉扯，度量与圈子很小。

舍我其谁

仁德能够增强信念，才能能够鼓舞人心，学问能够放宽胸襟，智慧能够减弱压力，一个对自己的选择与品格充满信心的人，绝不怵头。

天生德于予，桓魋其如予何？（述而篇第七）

上天赋予我高尚的品德，一个恶意的官员桓魋能奈我何？

君子不会求全责备

对于孔子所讲的君子与小人，我们不妨视为两种境界、两种水准、两种不同质地的人。君子这种人好侍候，因为他没有怪癖，没有贪婪，没有刻薄与乖戾，也不会对别人求全责备。求全责备既说明了他的个性缺少包容，也反映了本人缺乏常识，可能是当了小老板烧得热昏，不知道怎么威风好。

但是，在君子手下工作不易。因为他起点高、要求高、智商高、情商高、懂行，你工作的种种不足，你为人的各种缺陷，他都了若指掌，他怎么可能糊里糊涂地夸奖你？

小人相反，毛病极多，私心杂念，心血来潮，忽冷忽热，阴暗多疑，又求全责备，你怎么侍候他？

拍他的马屁反而容易。吮痈舐痔，指鹿为马，歌功颂德，吹捧忽悠，他是照单全收。

一面为你的溜须拍马而对你有所奖赏，一面还要不时数落着你、斥骂着你、威吓着你，历史演义影片中，这样令人作呕的主子，很常见。

子曰：“君子易事而难说也。说之不以道，不说也；及其使人也，器之。小人难事而易说也。说之虽不以道，说也；及其使人也，求备焉。”（子路篇第十三）

孔子说："君子好服侍、好做事，但是不容易取悦于他。如果你的讨好手段不是正路子，他根本不接受；至于他用起人来，应该能针对各人的特色，用其所长。小人呢，不好侍候，但是容易讨到他的欢心。你用什么邪门歪道去溜须拍马，他都乐于笑纳；但他用起人来，反而求全责备。"

君子只按照义理来处事

强调主观能动性，强调主体精神与理念至上，无适无莫，唯义之比，只承认精神的优劣、是非、正误，认为其他不足挂齿，这是很有意思的高论。至于现实生活，除了高论外，也难免有点低论、小论，除了大是大非的选择，也还会有小是小非的选择。

君子之于天下也，无适也，无莫也，义之与比。（里仁篇第四）

君子对于天下，对于世界，对于环境，无所谓特别亲和者，无所谓特别反感者，无所谓亲疏、远近、厚薄之分，只知道按照道理，或者叫义理来衡量判断处置。

义理是做人的根本质地

后世往往是下层人讲义气，讲互助互庇，有时是为了共同对付权力系统，这与爱讲忠信的上层人所讲的义，不是一回事。

“义以为质，礼以行之，孙以出之，信以成之”的讲法极好。可能乍一看还会觉得一般，义、礼、孙（逊）、信的说法毕竟在《论语》中出现得太频繁了。但不妨反过来想一想，如果一个人不是以义而是以利为质，只知道追求名利、级别、财富、享受；如果他的行为是吹嘘与暴力，蛮不讲理，野蛮无礼；如果他口出不逊、出口伤人、压人逼人；如果他言而无信、然诺成空，这样的执政作风会产生什么样的后果呢?

君子义以为质，礼以行之，孙以出之，信以成之。（卫灵公篇第十五）

君子以义理为做人的根本质地，以礼节来推行崇高的义理与规范自己的行为，以谦逊的姿态宣讲推广义理的内容，以说话算话的诚信来树立完成义理的权威性与影响力、指导力。

做人要坚持仁的原则和道德底线

孔子坚持仁的原则、仁的道德底线，在做人方面绝对不搞实用主义，不能因利忘义，不能伤天害理，不能失去对人的善良爱心。这精神值得我们继承，尤其是在今天。因为中华民族的历史经验太丰富了，我们善于讲道理，也善于随机应变，特别是在社会急剧发展转型的时期，人们会有一种价值困惑、价值歧义、价值失范。我们应该记得，人总要有一点不论什么样的情况下都坚持不渝的绝对理念。

当然，孔子的精神也可能受到质疑。老子讲"天地不仁"，讲"大道废，有仁义""失德而后仁"，老子的讲法很刺激，也很令人警醒。孔子的讲法略显辛苦与紧张，如临深渊，如履薄冰，时时刻刻警惕与防备。而老庄鼓吹的是自然而然地做到一切利益与美好。老庄的讲法听起来很好，但一般人难于操作。孔子的讲法听起来有点用力，但能在这方面用力总还是好的。

任何一种原则、一种理念，都不能代替具体操作，操作起来情况千差万别，不一定由提出原则的人来负责。但后人读起来倒是不妨翻过来掉过去地分析研究，以长见识、长聪慧，呼唤天良，激活精神资源，开拓自己的精神空间。

君子去仁，恶乎成名？（里仁篇第四）

君子没有获得践行仁德、仁爱之道（的天良）的满足，只得到了一点名声又有什么意义?

有所不为不知，才可能有所为有所知

对于老庄来说，无为是无不为的前提，有所不为不知，才可能有所为有所知。事无巨细一把抓，成不了大事。有所放弃是有所获得乃至志在必得的前提。

问题是小知与大受的区分。有些关键性的小事，可能决定大受的成败，如企业管理上的说法——细节决定成败。

人确有这方面的区别，有的精通小知，却没有综合判断决策能力，甚至没有分析与提炼见解的能力和分清轻重缓急的能力，更没有预见能力。这样的人可以当极好的参谋，却当不了司令。有的人则相反。

君子不可小知而可大受也，小人不可大受而可小知也。（卫灵公篇第十五）

君子很可能做不到具有万事通的小聪明，却可以担当大事。小人不可以承担大事项、大任务，却可能具有某些鸡毛蒜皮的小聪明。

君子诚于中而形于外

仁，是品质，是心性，是天良，又是儒学文化。刚、毅、木、讷，是作风，是修养的外化。孔子一贯主张内外互动，主张诚于中而形于外。

刚、毅、木、讷，可以分作四点理解，也可以从两方面理解。一个是刚毅，偏重于强硬一面；一个是木讷，偏重于示弱、谦恭、低调一面。这与老子的知白守黑、知荣守辱、知雄守雌一致。

反过来说，就是脆弱娇嫩的、半途而废的、摇摆不定的、哭天抹泪的，离仁太远；吹牛忽悠的、言行不一的、虚情假意的、两面三刀的，都与仁背道而驰。

为什么仁使人刚毅呢？孔子的逻辑是：仁者爱人，爱其亲，爱其尊，爱其家，爱其乡，爱其国，爱其君，做事有方向、有原则、有目标，当然不会脆弱娇嫩。为什么仁使人木讷呢？仁爱使人利他，使人产生责任心、律己克己之心，他怎么可能任凭自己变成巧言令色的伪君子、真小人，乃至真骗子呢？

刚、毅、木、讷近仁。（子路篇第十三）

刚正不阿、坚毅不屈、质朴无华、谨言慎语的人，接近于获得仁德品行。

行动比言语更重要

空谈误国，实干兴邦，不但要听其言，更要观其行。孔子一贯视行动为首要，视言语为其次。

但人们讥评孔子也恰恰是他讲的很多东西并没有能落实。这里的问题是许多人尊敬却做不到孔子的教诲言语。尤其是君王、大臣这些属于权力系统的人，常常说的是仁义道德，做的却是争权夺利。依孔子之言治国平天下至少是保权保江山，看来并非易事；但按照孔子的教导来做人却常常是可行的，也是易于被认同的。礼失求诸野，国人心中孔子的教导至今多数仍然合情合理，有道有义，绝非偶然，不能等闲视之。

对于言行关系，有另类说法，如维吾尔族民谚有“听阿訇的言语，不学他的行为”之说。盖言语源自经典，博大精深完美，行为则有难以免俗之处，不能照单全搬到自己身上来。此说，别有讽喻与幽默老到的趣味。

先行其言而后从之。（为政篇第二）

先践行自己所说的主张，之后再讲说宣示，那就对了，那就是君子了。

敬而无失，恭而有礼

“四海之内皆兄弟”的想法很好，这是中华文明的一个精华元素。远了不说，俄国十月革命后，大量所谓白俄迁到中国；“二战”前后，大量犹太人来到中国。他们都与国人相处得很好，这都是美好的记录。

当然，《论语》讲的“四海之内，皆兄弟也”的要义不是国际主义，不是无产者团结起来，而是个人道德。它讲的是敬而无失、恭而有礼，践行这样的君子之道，就能“四海之内皆兄弟”，也可以作“得道多助，失道寡助”解。如果是涉外事务，注意无失、有礼，当然也是有意义的。

君子敬而无失，与人恭而有礼。四海之内，皆兄弟也。（颜渊篇第十二）

做一个君子，恭敬严谨，无所失误；对待他人，尊重谦和。你会感觉到，四海之内，到处都是你的兄弟。

少说话，多做事

多见的是由于“假大空”的话过多而失误。祸从口出，自古已有这样的总结。

孔子是有自己的主张与坚守的，同时非常善于总结生活经验。孔子的许多教训都很实在，都流露出生活气息。

君子欲讷于言而敏于行。（里仁篇第四）

君子要的是说话不妨慢条斯理，做事一定麻利漂亮。

君子懂得成人之美

对于政务，就是要发挥正能量；对于同僚，就是要隐恶扬善，广结善缘；对于家庭、婚姻、朋友，就是要尽力维护。

不管小人的古义如何与今天的理解大有不同，反正有些地位低下的人、弱势的人、贫穷无助的人、没有受到应有的教育的人，他们会天然地具有饱受“鸟气”从而幸灾乐祸的精神、造反精神、“唯恐天下不乱”的习气，也有愿意看到尊者、强者、富者倒霉垮台的期盼。这是完全可以理解的，甚至是值得同情的。君子必然会珍惜传统文化的优良传统，成人之美，厌弃成人之恶的破坏性低级趣味。

君子成人之美，不成人之恶。小人反是。（颜渊篇第十二）

君子尽力成全别人的好事，而不是成就别人的灾难。小人呢，反过来为人处世。

君子并不是工具

君子掌握的、看重的是通用的道，是哲学，是修身、齐家、治国、平天下的根本与整体，是万象归一，是抓住牛鼻子，而不是各行各业的专业使用如器具。器具好使但不通用，通用重要但不是器具。

这是传统文化的一绝，重根本而轻末端，重大道而轻小术，重理而轻用。好处是它强调了君子的主体性，压缩了君子的实用性与被应用性，预警了君子被异化为工具的危险性。尤其是在今天，社会分工细了再细，科学技术机械及智能传播之器已经左右了或正在左右着不论君子还是小人的头脑与生活。西方发达国家也在呼唤“有机知识分子”，我们不能不赞美孔子的预见性英明。“君子不器”四个大字，到了二十一世纪，理应大放光芒。

说到中国的情况，我们倒是觉得，历史上古代中国的利器、专器、奇器，并不是太多而是太少了。专业型、技术型、发明创造型人才，在我国不是太多而是太少了。个个治国平天下，个个抓关键，抓主要矛盾，抓牛鼻子，中国牛只剩下了鼻子而失去了牛身、牛角、牛腿、牛尾、牛毛。文明古国、礼义之邦生产力得不到足够的发展，人人谈大道、修养、圣人、经典，却在列强面前直不起腰来，空谈误国之风古已有之。面对西方的先进强力之器，只能咒骂人家是奇技淫巧，是西洋小把戏，这样的两眼一抹黑的教训，我们也要温故知新。

君子不器。（为政篇第二）

君子并不是一种用具。

君子首要的是德行

孔子重视德行，视之为首要。问题在于德行能否与交际、发言、行政、文案一样成为一种职务、一种岗位、一种行业？这几项又怎么可能平列。

德行：颜渊、闵子骞、冉伯牛、仲弓。言语：宰我、子贡。政事：冉有、季路。文学：子游、子夏。（先进篇第十一）

孔子的学生中，德行方面突出的是颜渊、闵子骞、冉伯牛、仲弓，言说交际外事方面突出的是宰我、子贡，行政事务方面突出的是冉有、季路，熟悉文献礼法典籍的则是子游、子夏。

喜欢自吹自擂的人不是君子

孔子很重视一种良好的品德教养的内敛性、深潜性、礼让性，他不喜欢的是自吹自擂、飞扬跋扈。

仁者先难而后获，可谓仁矣。（雍也篇第六）

遇事把困难留给自己，把好处与收获先给别人，后给自己，这就叫仁了吧。

做人要少说大话

少说不能兑现、不能落实的话，特别是权力系统中人，否则是给自己挖日后发酵的陷阱。

同时，一切事业都有一个提前量的问题，还有终极目标的问题。人做事应该有一个较高的理念，它的意义在于你不断地接近它，却永远不能完成它。例如应该见贤思齐，思齐并不等于一定能齐。那么说见贤思齐，是不是言过其实呢？还有王道、仁政、大同、博爱、民主、自由、普遍幸福、公平、公正、公开……都不一定能够判断某某牛人说的话是过还是没有过，难道能够不讲这些"言"吗？

尤其是人文知识分子，更尤其是文学艺术家，没有想象与夸张，是不可能的。不存在过与不过的问题，而存在真诚、不真诚的问题。只要真诚追求拥抱，你即使言过其实，仍然真切动人。你虽然真切动人，但我并不要求你限期变现。

君子耻其言之过其行。（宪问篇第十四）

君子会认为自己言过其词、言而不能兑现是自己的耻辱。

仁德才是真正的君子风范

有才，有能力，有执行力，称得上是好材料；有德行，有仁爱，有奉献精神，才是真正的君子风范。

孔子对弟子很坦诚，不随意夸奖拉拢，但又很轻松亲切，实话实说，恰到好处。这里有一个前提，弟子都十分敬重与信赖他，否则，他不可能这样说话。

子贡问曰：“赐也何如？”子曰：“女，器也。”曰：“何器也？”曰：“瑚琏也。”（公冶长篇第五）

子贡问孔子：“我这个人怎么样？”孔子说：“你嘛，算个材料（器件）喽。”子贡问：“我是个什么材料呢？”孔子说：“一件宗庙贵器吧。”

有德者必有言，仁者必有勇

话说得再好可自己并没有做到，就变成了巧言令色，也就与德无干。勇敢的人也可能是冒险亡命，与仁者爱人无关。明确一点说，不是由于爱，而是由于仇恨而勇敢的人与事迹，我们也不陌生。

美好的德行重行不重言，这是一方面。美好的德行应该生发美好的思想与语言，而与鄙俗的、凶恶的、野蛮的暴力语言大不相同，这是另一方面。就是孔子，离开他的名言，后人何知其圣明如此！

仁德的人往往给人退让、忍耐、谦恭等方面的印象，而不是见义勇为、主动冲锋、抛头颅洒热血的形象。古人对于勇的理解或与今人不同，《礼记》中“知耻近乎勇”的说法就很耐人寻味，那时也许首要的勇是勇于承认与改正错误，这与今天所说的勇不尽一致。

有德者必有言，有言者不必有德。仁者必有勇，勇者不必有仁。（宪问篇第十四）

有德行的人必定会有美好的言论，言论美好的人却不一定就有德行。讲仁爱的人必定会勇敢，但勇敢的人不一定都有仁爱之心。

勇敢不是抽象的与绝对的

勇敢不是抽象的与绝对的。勇敢不能与愚昧为伍，不能与偏执拥抱，不能与狭隘结合，而要与深明大义，与懂道理、讲章法、有智慧、心明眼亮一道。这至今仍是金玉良言，尤其对于突然莫名其妙地大叫血性的人众更是如此。

君子义以为上。（阳货篇第十七）

对于君子，最重要的还是弄清道理与原则（义理）。

把人字写端正

孔子的主张是，心术要端正，行为要端正，举止要端正，每个细节都要严肃认真，端正完美。有点累，但毕竟可敬可钦。

席不正，不坐。（乡党篇第十）

座席没有摆端正，不坐。

君子善于从高远处观察思考问题

君子关注的是高尚的课题：天命、天道、天人合一、天理、天良、天心、天意，还有为天地立心之类。小人关注的是形而下的鼻子眼底下的那点事：私利、私欲、财产、享受、占便宜、党同伐异。君子的境界高尚，小人的境界低下；君子往高处走，小人往低处走。君子阶阶高，小人步步低。

当然也可以解释为：君子从高远处观察思考问题，小人从卑微处掂量一切。

能不能解读为君子有什么事找上边，小人有什么事找下边呢？达嘛，这就有点麻烦啦。

君子上达，小人下达。（宪问篇第十四）

君子往上走，小人往下走。

君子在意的是自己的德行

为自己的德行而努力，当然比为自己的生计而操心高明。君子操自己的德行之心，小人操自己的度日之心。显然这里，小人的说法并无贬义。问题在于君子、小人分道扬镳，会不会成为一个社会分裂问题？高大哉君子，是不是也可以操操小人的土呀、惠呀即生存权的心？不然，万一小人活不下去了，活得太不舒坦了，而小人又比君子具有数量优势，天下岂不生乱？

君子怀德，小人怀土；君子怀刑，小人怀惠。（里仁篇第四）

君子惦念的是自己的德行，小人惦记的是自己的（一亩三分土）地；君子惦念的是法度的制定与施行，小人惦记的是自己能得到多少好处。

仁是识人的一个重要标准

以仁为择友、择师、择人的标准，而不是以眼皮子底下的一点印象、一点情绪、一点利益交换来决定对于旁人的态度。说来简单，做起来太重要了，尤其对于政治家、君王、大臣们来说。

对于孔子来说，仁爱（善良、友好、互助）之心，是人之为人的主要品质。你是一个仁者，你有权利要求你的友人也是仁者，你有权利拒绝做不仁者的同谋。而如果你压根儿就不是仁者，你不具备仁人的基本品德，你无法与任何人建立可持续的友善关系，那你就没有权利、没有根据去喜欢任何人，同样没有权利、没有根据去厌恶任何人。

这就产生了一个疑问：有的地方，孔子对仁的标准阐释得相当高端，如他认为成绩斐然的管子算不上仁，他的几个相当优秀的弟子也不能肯定是不是做到了仁，那是不是他们也就没有资格好谁厌谁呢?

唯仁者能好人，能恶人。（里仁篇第四）

只有仁人才懂得应该如何喜欢别人，也才懂得应该如何去厌恶别人。

君子合群但不拉帮结派

有一个君子，就证明必然还有别的君子。君子不党，不拉帮结派；但君子也不孤，不会是光杆司令。

真正的君子，有合群的一面，不会动辄搞独狼主义，不会动辄高呼众人皆浊我独清、众人皆醉我独醒，不会动辄号召战斗到最后一个人，也不会动辄提倡一个人与整个社会、整个民族、整个世界作战。

任何一个人物的出现，不管是政治或精神领袖，是万世师表，是科学家、发明家、思想家，是体育冠军，是国际名人……都有他（她）的个人条件，同时也有一定的历史与社会环境背景。它既是个人的事，又是历史、社会、国家、地域与族群的事。

君子哉若人！鲁无君子者，斯焉取斯？（公冶长篇第五）

这个人是个君子！鲁国如果没有君子的话，怎么可能有这样的人呢？

君子拒绝结党营私和无谓之争

想起自己在二十世纪八十年代讲过的话，尊重领导但绝不投靠，团结群众但绝不拉帮结派。一位好意的老大哥体己地对我说：“但你若想成事，必须拉帮结派。”谢谢“好意”，我坚决不当小老大。

不拉帮结派的人会吃对手拉帮结派的苦头，吃了苦头也不拉帮结派。风物长宜放眼量！

君子矜而不争，群而不党。（卫灵公篇第十五）

君子有尊严而不计较争夺，合群而不结党营私。

内心审视是最无情的审视

我认为，恰恰是君子才常常有负疚感，才会写忏悔录，才会在被自己国家的军队屠杀了的犹太人的纪念碑前下跪。君子才有自省精神，才懂得反思与道歉，才会发愿"从前种种，譬如昨日死；以后种种，譬如今日生"（《了凡四训·立命之学》）。而灭绝人性的魔头、刽子手、强盗、侵略者，他们才不内疚呢。

当然我们可以设想，孔子认为，人的天性是善良的，如孟子所说："羞恶之心，人皆有之。"（《孟子·告子上》）有没有负疚感，并不是你个人说了算，民人还要说话，众君子还要说话，社会还要说话，王侯与皇帝还要说话，历史的春秋笔还要说话。

同时，也可以设想，孔子这样的"圣人"，他坚信仁义道德的无可比拟的力量，他必然会宣布：自我审判是最严厉的审判，内心审视是最无情的审视。即使你欺世盗名、弄虚作假、颠倒黑白、自恋自傲做到了一百一十的火候，你在君子之道面前，你在大道面前，你在中华文化的仁爱与礼法传统面前，仍然会产生捉襟见肘、无地自容之感。你的色厉，只能暴露你的内荏。你的夸张，只能反衬出你的贫乏。你的棍棒胡抡，只能说明你已经束手无策。你的吹嘘声势，也只是你的恐慌危殆的证明。

君子不忧不惧。（颜渊篇第十二）

君子没有忧愁，也没有畏惧。

君子善于提升自己的精神高度

书读了很多，知识积累了很多，但无益于提高自己的精神高度，甚至仍然很委琐、阴暗、狭隘、低下。这样的"儒"，这样的博士、教授、学人、名家并非罕见。

女为君子儒！无为小人儒！（雍也篇第六）

你要当君子——大人物式的儒者，不要当眼界狭小、平庸卑俗的儒者（念书的人）。

与仁者相处，可以提升自己

我的河北老家那里，常常批评一些浮躁多变而又一无所成的人为“没有常性”。鼠目寸光、急功近利，正是一无所长、懦弱愚蠢的人的特点。他们耐不住挫折，架不住小胜小负；受不了委屈，经不住抬举；看不到远景，全不会自我调整；既不能消灾免祸，也不会调动一切积极因素；既不可能拥有知交友人，也不懂得师法或跟随能人。这样的人多矣哉，谁能与他们长相处？穷了达了，贫了富了，谁跟他们在一起谁倒霉。

不仁者不可以久处约，不可以长处乐。仁者安仁，知者利仁。（里仁篇第四）

你没有办法与不仁不义的人（或不仁的人们之间）长久地共度清苦的生活，也难以与之长久地共度安乐的生活。仁者，会因与仁者相处而感到安适；智者，会因与仁者相处而感到有益。

以文会友，以友辅仁

"以文会友"，传诵至今。这四个字有一定的档次，小人肯定做不到。小人会友，只能是以利会友，酒肉朋友，互托办事的朋友，黄赌毒嫖之友。这四个字还有一定的超脱，谈谈文事，吟咏风月，习礼奏乐，掉掉书袋，琴棋书画，没有那么敏感也没有那么多风险，比以政见会友、以谋划会友、以行动会友都更高雅也更安全。加上"以友辅仁"，就回到了老师教导的命根子"仁"上来了。这后面四个字并没有流行开，因为这四个字不无穿靴（戴帽）之感。好比今天的老革命，晚年走走祖国大好河山，赏心悦目，好事，非得加上调查研究的名义，反而吃力。"以友辅仁"是完全可能做到的，它是"以文会友"的副产品，不点出来而自自然然地做到了，此处无声胜有声。这样更亲切、真实、感人，比说出来更好。

仁义道德都是极好的话，与人的善良友好情感不能剥离；友情也是仁的一个朴素形式、一个仁心的元素，这不难理解。

是不是一定要将友情与仁德联系起来呢？好话不停地说，不停地背诵，不停地讲解，不停地用来训诫灌输告诫……也会引出逆反心理。这是我国五四运动中反孔声浪掀起的原因之一。

君子以文会友，以友辅仁。（颜渊篇第十二）

君子以文事聚会结交往来朋友，以友谊温暖滋润仁心、仁爱、仁举。

求仁易，得仁难

孔子讲仁、礼、敬、恕，无意构建一个学理的体系，而是要纠正指导生徒的行为举止。孔子强调仁的心性性、深刻性与无涯性，因此即使是人众都肯定的人物，是孔子本人也颇有正面评价的人物，但就是不说他们是仁者。孔子很吝惜以仁字评价他人。当学生们询问起来，他讲的则是从何处入手，从何方向迈出仁的一步。从孔子的这些说法中，我们看到了仁的另一面：从我开始，不取决于外界，大处着眼，小处着手，开始仁的修为；很容易，从说话放慢速度做起，从处世待人恭敬严谨做起，从非礼的事不做做起，从认定仁与不仁取决于自身做起。而做到仁的全部要求，做到一个人的完全的仁化，则是另一码事，固殊不易也。

仁者，其言也讱。（颜渊篇第十二）

这个仁人呀，说起话来要迟慢一些。

君子专注提升自身的能力

在中国，历代的信而见疑、忠而被诬、怀才不遇、抱憾终生的哀鸣太多太多了。其实，多数情况下，你真有本事，总有表现的机会，总有一展身手的可能。即使天下无道，你总还可以掉书袋、教学生、文采风流、琴棋书画、经商、行医、出入寺观、雕虫画龙，三百六十行，行行出状元，扬名千古。

首先，中国的封建主义不知压抑了多少人才。其次，无能无品的多少伪人才借灵哭己，借确是真正人才的屈枉而谬托知己，掩盖自己的身无长技、全无一用！

君子病无能焉，不病人之不己知也。（卫灵公篇第十五）

君子发愁的是自己无能，不是愁别人不了解自己。

安泰自信而不傲慢凌人

咋咋呼呼的不是君子，疑神疑鬼的不是君子，整天告急的不是君子，装模作样的不是君子，挑剔折腾的不是君子，大帽子吓人的也不是君子。还有沉不住气的，老担心别人不服的，布置眼线的，拉一帮人整他人的黑材料的，得机会就要证明自己一贯正确的……也都不怎么像君子之风。

那是什么呢？倒也不算巨恶，只不过是个小人。

君子泰而不骄，小人骄而不泰。（子路篇第十三）

君子安泰自信而不傲慢凌人；小人傲慢凌人，却没有安泰自信。

德、才、力可以统一

马首先是肯跑，肯卖力气，否则有再好的体力，设若懒惰娇弱或者野性不驯，也不能算是千里马。问题在于，一匹马也好，一个人也好，德、才、力诸方面不一定是分离的，很可能是统一的。一匹不肯努力跑的马能够锻炼出好的奔跑能力来吗？一匹很愿意跑的马，如果没有好的膂力，能算千里马吗？

骥不称其力，称其德也。（宪问篇第十四）

对于一匹好马，我不是称赞它的体力，而是称赞它的品德。

君子同样注重“名声”

我们常常泛批名利，其实探求孔子的观点，二者并不尽同。利是利益；名则要区分为虚名、（欺世）盗名，以及代表事业有成、才具出众、影响巨大的美名。一个人不应该略有浮名就翘尾巴。当然，倘若一个人干了一辈子，毫无建树，毫无创见，毫无影响，只剩下自哀自叹、自恋自怜、自吹自闷，也够“疾”与病的。就以令人同情的孔乙己来说吧，他难道没有让人疾、忌（讳）、急得慌，难道没有烦人与使你觉得不可救药的那一面吗？

考虑一下自己的名的问题有一个好处，对自我有所要求，树立标杆，保持尊严，与一切下三烂行为作风拉开距离。

君子疾没世而名不称焉。（卫灵公篇第十五）

君子怕的是活一辈子却得不到值得称道记下的名声。

君子与小人存在差异

孔子注意君子与小人、精英与庸众、治人者与治于人者的区分，并认为这个区分是保持秩序与和谐的保证。君子如果不仁，是由于做到仁并非易事，需要教育培养，需要克己复礼。小人不仁，则是势所必然，事出自然，因为小人没有那个度量、那个地位、那个思路。小人们能够奉公守法、听从调度使役就行了，不要幻想小人们有更高更好的表现。这与宗教的普度众生、拯救众生不同，也与社会主义、共产主义者们的依靠工农来解放全人类的思路不同。

君子而不仁者有矣夫，未有小人而仁者也。（宪问篇第十四）

君子做不到仁的要求的，这样的人是有的；而小人做到仁德的，那是没有见过的。

君子和小人的两个区别

一个是格调不一样。君子精神上是强者，有自信，不论什么处境、什么麻烦，自己消化，自己克服，自己前进，天无绝人之路。小人是弱者，是赖皮，遇事惊慌失措，一筹莫展，只能呼天抢地，碰运气，求施恩。

另一个是本事不一样。拙笨迟钝，无一技之长，小人能有什么主意和招数?

也不要太小瞧小人了，“求诸人”的结果是结党营私，拉帮结派，搞准黑社会，专门迫害君子。历史上这样的奸佞胜贤良的例子也不可不引为教训。

君子求诸己，小人求诸人。（卫灵公篇第十五）

君子遇事靠自己，小人遇事靠求人。

第八章

作为方法的忠恕之道

万事先从自己开始

万事万物万理，先从你认认真真做好你手底下的事开始，从你自处时候的心态乃至仪容开始，从端正对老板或者他人的态度开始。千里之行，始于足下，这比天天鸿篇高论还有意义。

国人有一种习气，对于自家人，是一种标准；对于本乡本土的人，是一种标准；对于熟人或者经介绍相识的人，是一种标准；对于陌生人、八竿子打不着的人，不同国籍、不同民族的人，则是另一种标准。这个问题值得探讨与调整。

居处恭，执事敬，与人忠。虽之夷狄，不可弃也。（子路篇第十三）

自处要保持一种恭谨庄重的态度，处理事情要兢兢业业，对人要忠诚可靠。即使到了边远野蛮地区，也要同样地坚持自己做人做事的原则和道理，不能（搞双重标准）弃而不用。

把持内在的善与恶

以我为例，视而不明、听而不聪的情况，轻率误判的情况当然是有的。遇到忙碌、疲惫、歧义过多的当儿，不但不是温文尔雅，不是谦恭有礼，反而屡屡表现出不耐烦、傲视他人的情况。惭愧呀，孔老师！

完全避免不明、不聪、不温、不恭等，也很难做到。某些特定时刻没有完全做好，当非大恶，关键在于内在的善与恶、贤与不肖的把持。

君子有九思：视思明，听思聪，色思温，貌思恭，言思忠，事思敬，疑思问，忿思难，见得思义。（季氏篇第十六）

君子有九方面的问题要经常思考判断：看到了一个什么现象，你看明白、看清楚了吗？听到一个说法，你听完全、听准确了吗？见到旁人，你的气色做到温文尔雅了吗？与旁人接触，你的表情做到恭谨谦和了没有？与他人说话，你态度够不够忠实恳切？为人做事，你做到兢兢业业、一丝不苟了吗？遇有疑惑，你请示长上、请教行家了没有？碰到令你愤慨的事情，你想没有想过此事本来具有极大的难处呢？（或你的发怒会造成相当的麻烦呢？）而见到对自己有利的事宜，你考虑没考虑它是否符合原则、大义呢？

大道就在你的心里

“祭如在，祭神如神在。”很有名的话，被鲁迅讥为“太聪明了”，然而此话确实精彩。崇拜的对象，不是购买对象，不是机床加工对象，也不是搬迁对象，不存在“在”与“不在”，如《哈姆雷特》“to be，or not to be”的实证辨析，只存在崇拜还是不崇拜、敬畏还是不敬畏的信仰区分。崇拜，神就在，就“to be”，就分明而且感人至深。不信仰也不崇拜，神就不在。祖先、上帝、佛法、公理、大道，在，就是在你的心里；不在，就是没在你的心里。

祭祀是一种礼，可能是当时我神州大地上礼的最高与最大，是礼的顶峰与渊薮。这说明祖先存在于你的思念与敬畏、崇拜与服膺之中。对于形而上的追寻，对于终极性的关怀来说，思念、敬畏、崇拜、服膺都是存在的重要形式。哈萨克族同胞安慰丧亲者时常说：“我们记得他（她），我们谈论他（她），我们想念他（她），这不正是说明他（她）还活着吗？”

吾不与祭，如不祭。（八佾篇第三）

我没有虔敬地以全身心去参与祭祀，也就等于是没有去祭祀。

忠恕也是一以贯之的题中之义

一以贯之的说法则很重要。它让人想起马克思对女儿的“你的特点”的回答：“目标始终如一。”这表达了一个人的坚定性、责任心，不惧困难，不搞机会主义，表明了一个大写的人的内心的强大与自信。

而某些所谓的小人呢？东张西望、左顾右盼、朝秦暮楚、朝三暮四、忽左忽右、投机取巧、奴颜婢膝、看风使舵……与一以贯之相反的成语，在咱们这里真叫多，估计这一类人与事不在少数。

从结构而不是次序的意义上理解一以贯之，就是以仁为核心，解释夫子所主张的孝悌忠恕等一切美德与义理。

夫子之道，忠恕而已矣。（里仁篇第四）

老师讲的道义原则，不过就是忠与恕了。

求仁得仁的人没有怨怼

求仁得仁也是孔子大义凛然的名言。求仁的目的是得到仁，不是功利，不是名位，不是安泰，不是享受，而是树立仁的标杆、仁的范例。因此，真正为了仁而牺牲的人，他们没有怨怼，没有不平，也没有不甘，他们是胜利者、成功者，他们求仁得仁。

我想起了年轻时候的曲折遭遇，确有一位同命运的朋友说，他是求仁得仁。当时，我闻之而肃然，我体会到了这句话的分量。

求仁而得仁，又何怨？（述而篇第七）

他们追求的是仁的理念，他们获得的是仁的完成，还有什么可怨的呢？

人要有坚定的忠诚与信用

“主忠信”，就是说人要有一个坚定的，类似先验的良知、良能的内心忠诚与信用。忠方能信，忠就是信，不信的人，说话不算话的人，何可言忠?

你不可能事事早知道，你需要读书明理，这个理就是义理，这个义就是意义，其次是道义、正义。讲了忠信之后必然要向着义理、正义来行动，通过行动落实义理与正义。

主忠信，徙义，崇德也。（颜渊篇第十二）

首先是讲求忠诚与信誉，而且懂得了道理、道义就要付诸实践，这就能做到崇尚德行了。

忠的关键是责任和担当

忠的关键是责任和担当。如果人皆倦勤，人皆风凉壁上观，人皆清谈炫异，一个邦国会走向何处，不容乐观。

居之无倦，行之以忠。（颜渊篇第十二）

在位一天，就绝无厌倦松懈；做任何事，都要忠诚负责。

“恕”应该是底线

或谓“己所不欲，勿施于人”应该是底线，比较容易做到也不可以不做到。所以，孔子这里讲的是“恕”，不是仁，仁无止境；不是忠，忠要求碧血丹心、肝脑涂地；不是道，道是无穷大，广不可及，深不可测，万有之母，众妙之门；不是义，舍利取义，常人所难。而“己所不欲，勿施于人”，则平实可行。当然，终生恪守，也非易事，比如在毒刑下有人可能做出自己不想做的事，害己害人，皆大不欲。

还有一种情况，己所欲，非施于人不可，这也是不恕。因为强迫灌输，被灌输，绝非所欲。这样的例子，一个是强奸，一个是传教。

居然有电视广告，声称某个公司的旨趣是“己所欲，施于人”的，啥脑筋！

其“恕”乎！己所不欲，勿施于人。（卫灵公篇第十五）

那应该是“恕”吧？你不希望发生在自己身上的事，也不要强加于人。

将心比心与推己及人

有些最简单的道理，人硬是做不到。问题在于，被强加是极不愉快的，多数人都明白。反过来说，你拥有某种权力、实力、影响力，能够勉强他人、满足自己，对于未能免俗的人，确有快感乃至成就感。这反映了人做到推己及人与换位思考其实不易。

还有一点，“己所不欲，勿施于人”，认同这八个字不难。那么“己所欲，（必）施于人”呢？现在甚至有这样的商业广告。己所欲就施于人，更不要说必施于人啦，怎么得了？你欲，别人就欲吗？你想做爱，你的欲是性欲，对方不愿，你就强暴吗？这不成了霸权主义与强奸犯的逻辑了吗？

我不欲人之加诸我也，吾亦欲无加诸人。（公冶长篇第五）

我不愿意别人强加于我的事情，我也绝对不强加于人。

换位思考，也是恕道

人这一辈子，尤其是进了社会，进了体制，进了公司，哪怕是进了黑手党，都有个相互理解、相互依靠、相互支持的问题。一大半所谓选择了“入世”而不是疏离出世的人，都有怀才不遇、怀忠不遇、未尽其才、未尽其忠的牢骚。故此，“知己”（还有专门针对老板的“知遇”）一词，在国人中极其珍贵，叫作“士为知己者死”。孔子提醒国人，你又理解了几个人，尤其是你又理解了几个君王、长上、领导、老板！可谓振聋发聩！一言可以兴邦，也许略显夸张；一言可以救己悟己，信然！

不患人之不己知，患不知人也。（学而篇第一）

不必因为他人不了解自己而郁闷，怕的是自己并不了解旁人。

己所不欲，勿施于人

“己所不欲，勿施于人”，此语简单明了，朴素亲切，无可辩驳，无须解释。盖世间诸多麻烦，在于人、己的两张皮：谁都是不愿意受伤害、受损失的，但是会自以为是地在不经意间乃至有意地给他人造成伤害、损失。你不愿意被勉强、被委屈，但是你的自我中心，你的随着权力而畸形膨胀的自我，常常在勉强旁人、委屈旁人。你不愿意看到旁人牛皮哄哄、得意猖狂、胡言乱语，或者抠抠搜搜、奸诈自私的样子，但你自己不能保证绝对没有此类不可一世或低下不堪的表演。不用说国际国内的政治大事了，就是夫妻之间，能认真做到“己所不欲，勿施于人”了吗?

多为别人着想，这个世界就变得可爱多了。

己所不欲，勿施于人。（颜渊篇第十二）

自己不愿意遭受到的做法与待遇，就不要以之对待别人，待人与待己要遵循一样的原则。

强人所难不能够带来正直与德行

非常有趣。孔子更关注的是内心，是主观感受，是人伦之情。他不强人所难，不认为强人所难能够带来正直与德行。他相信，如果人不为外力所惑、所威逼，应该能够判断该做什么、不可做什么，这与庄子讲的完全一致。

但儒家又有“大义灭亲”的说法，法制观念中对“为亲者讳”的说法与做法也多有拒绝乃至惩戒，许多国家的法律中都将包庇、作伪证入罪。我国在一九四九年后更是强调宣传过各种大义灭亲的事例。

对于人情与主观感受的强调增加了中华文化的魅力，但也妨碍着社会走向法治。而对于大义灭亲的夸张宣传，也有不明智的方面。因为遇到自己的亲人违法获罪，对家属来说是一种不幸，是一件痛苦与令人恐惧纠结的事；而家属的揭发，并不能带来太多的光荣快乐。我们的法制教育，应该强调的是本国法律中对于包庇罪和伪证罪的条文与公民服从法律的必要性，要强调违法必究，绝不因人而异，而不是宣传大义灭亲的光荣伟大。后者讲多了，确实难免产生提倡六亲不认的误解。

吾党之直者异于是。父为子隐，子为父隐，直在其中矣。（子路篇第十三）

我们家乡那边的人对于正直的做法与你说的不同。我们那里，父亲要为儿子隐讳一些东西，儿子也会为父亲隐讳一些东西。这种隐讳中，就表现了正直、德行、真实。

你中有我，我中有你

别人正因为丧事而痛苦，孔子亦为之悲伤，怎么可能你哭你的丧，我啖我的美食佳肴？如果抬杠的话，就得两说着，如果你在北京八宝山一带工作，如果你干脆就职丧葬服务公司，难道就不吃饭了？

孔子的说法是中华文化强调的整体论：你中有我，我中有你；你就是我，我就是你。但也还可以有认识世界上的区分论、个体论，内科就是内科，外科就是外科，你有丧事该怎么悲伤就怎么悲伤，我忙于日常事务不可能因你的丧事而停顿。当然，适当的举止礼貌、慰问同情必不可少。

子食于有丧者之侧，未尝饱也。（述而篇第七）

孔子在办丧事的人家附近吃饭，从来没有吃饱过。

批评他人之前要先反思自己

不能坚持力行的道德不是道德，不能诚恳寄托、全心全意地信仰的道德也不是道德。我们平常说的谁谁或哪里得道失道、有道无道，往往够不上起码的标准。必须视道德为信仰，视道德为终极价值，必须在道德律令面前诚惶诚恐，敬畏有加，然后才可议论哪儿的谁谁的道德状况的优劣长短。如果不是这样而是浮皮潦草、轻薄任性、巧言令色地空谈道德，贩卖言辞，评比报道一番，根本就不合格、不入流，没有对任何人进行道德评判的资格。

经验证明，越是本身道德不怎么样的人，没有做出过任何有益于人民、家国的业绩的人，越是喜欢大言不惭地对他人，尤其是比自己强的人进行道德审判——跟风参与道德口水大战，以道德杀人，过去叫作“名教”杀人。例如，攻击完了鲁迅再骂郭沫若，攻击完了曹禺再骂谢冰心的人，他们做到的连鲁、郭、曹、谢所做的万分之一都没有。

孔子的话告诉我们，在你用道德的利刃捅向他人的心窝以前，先考虑一下你是否做到了执德而弘、信道而笃。在你旁观道德口水战的时候，先分辨一下双方，究竟是哪一方执德比较弘毅、信道比较笃诚。

执德不弘，信道不笃，焉能为有？焉能为亡？（子张篇第十九）

践行德行却不坚决，信仰大道却不诚恳，这样的道德哪里谈得上有（存在）？哪里谈得上无（失落）？

反求诸己

你想有所交际吗？你应该考虑的是你的自身条件，而不是先考虑别人的条件，你应该思考的是你的贤德程度、智慧程度、友好与可交程度配不配让人家结交。你应该考虑的是自身应有的态度，而不是对方值不值得，或是否适宜你去结交。这个角度难得，比此前《论语》上孔子的有关言论还要克己复礼。

君子尊贤而容众，嘉善而矜不能。（子张篇第十九）

君子尊重贤者，同时也要接纳普通群众。君子喜欢善良和美好的人，也怜惜做不到善良和美好的较差的人。

自我批评也要适度

前贤都说蘧伯玉是君子，特别喜欢自我批评，活了五十岁知道前四十九年都错了，活了六十岁知道前五十九年都错了，以至于他每天都在努力减少错误，还硬是做不到。谦虚的自我批评精神确实值得学习，但是说法上是不是有点忽悠？如果五十岁时认为前四十九年都错了，六十岁时又认识到前五十九年都已经错了，那么十年前的认为前边之错是不是也认为错了呢？既然永远是错错错，那么认错不也是错吗？错也是错，负乘负为正，就是说今天认为昨天错，明天应该认为今天错，即昨天不错呀。这与世上的一些最著名的数学悖论是一样的，一切都是错的，那么认错也是错的，一切都是对，那么错也是对的，这种思想方法是匪夷所思的呀。

也许这样的评点有点故意抬杠，《论语》是语录体散文集，说蘧伯玉忙于“寡过”，是说明他的克己复礼的心态、战战兢兢的恭谨，不等于他日日夜夜只张罗这一件事。

蘧伯玉使人于孔子。孔子与之坐而问焉，曰：“夫子何为？”对曰：“夫子欲寡其过而未能也。”使者出。子曰：“使乎！使乎！”（宪问篇第十四）

蘧伯玉派人作为他的使者去见孔子。孔子请使者一起坐下，提问说：

"他老在忙些什么呢？"使者回答说："他老希望的是减少自己的过失，却常常做不到啊。"使者离去后，孔子赞叹："真是好使者啊，真是好使者啊。"

和谐比争执更重要

从古至今强调顾全大局，强调有容乃大，强调善于团结，讨厌与轻蔑鼠腹鸡肠、抠抠搜搜、嘀嘀咕咕、神神经经。

这是中国式的价值观，后果比本身的是非曲直重要，和谐比争执重要，大局比鸡毛蒜皮的计较重要。

伯夷、叔齐不念旧恶，怨是用希。（公冶长篇第五）

伯夷、叔齐二人不记仇，不死咬对立面，使得矛盾事件与怨恨情绪有所减少。

不斤斤计较是一种高尚

能够不论资排辈，不妒贤嫉能，不压人一头，不斤斤计较，这是一种文化，这是一种高尚。让我们看看国外的一些人事变动，俄罗斯的两位领导人可以互为总统、总理，美国的总统当选后可以重用他的竞选对手。这都启发我们，不要将级别、资格、身份看得那么呆板、狭隘、小气了吧！

公叔文子之臣大夫僎，与文子同升诸公。子闻之曰："可以为'文'矣。"（宪问篇第十四）

公叔文子的一位臣下，与文子同时晋升到一个高阶级。孔子听说后评论说："文子真是文明高雅的人呀。"

对待蝇营狗苟不必反应过度

对于境界低下的人的蝇营狗苟，特别是告黑状之类的活动，与其全力以赴，不如置之不理。正经人没有那个工夫。再说，因为谁告了个状就想方设法将他斩首示众，也有些反应过度。

道之将行也与，命也。道之将废也与，命也。（宪问篇第十四）

天道能行于天下，这是命运。天道将被废弃，这也是命运。

明白人不会与糊涂人一般见识

信而过分，就会做蠢事。孔子对这一类迷信，采取一种常识性的忽略态度，不太用力去反对纠正，但也全不赞成，这是一种明白人对待糊涂人的正确态度。明白人不可能跟着糊涂人起哄，明白人也不会与糊涂人一般见识，急赤白脸地去辩论取缔。糊涂人做了糊涂事，明白人摇一摇头，在尚未造成严重后果的时候付之一个不无揶揄的苦笑，敲打一下他的智力。否则还能怎么样呢?

臧文仲居蔡，山节藻棁，何如其知也？（公冶长篇第五）

臧文仲给大龟盖房子，建得很讲究，他的这个智慧到底是怎么一回事呀?

易怒非君子，无量是小人

中外绅士、士绅，有几个是易怒的？易怒非君子，无量是小人。但是，所谓“不知”这个话题的提出，无形中透露了孔子对于个人不为世用的遗憾心情。不愠，经过努力，经过有意识地自我控制，是可以做到的；不憾，大概未必。如果连憾都不憾了，“不知”与“愠”的关联压根儿也就不存在了，那么这句话就用不着“子曰”了。

窃以为，更多的人其实未必那么计较自身的被知度。不想做帝王将相，不想做红星达人，不具有知识分子的自觉使命意识，他们更关心的是自己的经济收入、收成年景、身体健康、家庭和睦、无灾无险……谁会去悻悻然每天寻找知遇、嘀咕因不被知而愠与不愠的问题呢？对于老百姓，更多的情况是见到别人做了伤天害理，尤其是伤害自己的混账事，说了混账话，难以不愠罢了。但孔子认为真正的君子，即使无端被误解、被伤害，也不必当真愠恼，不妨一笑了之。

人不知而不愠，不亦君子乎？（学而篇第一）

别人不理解你，别人由于无知而做了伤害你的事情、荒谬的事情，你却不生气上火，这不是很有君子风范的吗？

不要纠结于俗务得失

好人、正人君子，应该自信，应该超拔于俗务得失，永远不必因为衣不如人之类的计较而自惭形秽，永远要懂得不必嫉恨也不必追赶既得利益者。同时不应该满足于自信，还要有功业，有影响，有利国利民直至流芳百世的成绩。孔子思想的特点在于既切实又高远。他教育学子，既鼓励又鞭策。

现实一点说，你混得不怎么样，却能不嫉恨羡慕混得好的人，也并非易事。有几个人能彻底摆脱名利场的羁绊呢？社会结构实际上正是利用了人类的追名逐利心理，从而形成了种种体制啊。

《论语》中的孔子说话可真全面，他热烈地表扬了子路，却又说并不足够。好老师啊。

衣敝缊袍，与衣狐貉者立，而不耻者，其由也与？“不忮不求，何用不臧？”（子罕篇第九）

穿着破旧的袍褂，与穿讲究的裘皮衣装的人站在一起却不自惭形秽的人，不正是子路吗？《诗经·邶风·雄雉》里说：“不嫉恨，也不眼馋，为什么不好呢？”

小不忍，则乱大谋

所谓忍的问题，其实是一个自我控制、自我管理能力的问题。为什么西方国家性观念相对开放，但政客常常因此方面的丑闻爆料而声名狼藉，最终断送前程？关键不在于政客的性欲，而在于身为政治家，应该有、必须有足够的自我掌控能力。

小不忍，则乱大谋。（卫灵公篇第十五）

小事情、小问题上忍耐不下来，控制不住自己的一口浊气，最后会搞坏了大事业、大谋划（这样的事太多了）。

要有顾全大局、不念旧恶的度量

有些时候需要有顾全大局、不念旧恶的度量。但又不能太过，不能陷于伪佞。孔子的特点是不只讲一面的理，而是求面面俱到。

我的经验则认为这个火候的掌握往往是一个过程，标志在时间的纵坐标上。对任何人，你有不中意，第一步应该是人不知而不愠，根本不予计较，一笑置之可也。第二步，他小里小气地找你的碴儿，有加害于你的表现，你可以试试晓以大义，学学蔺相如。第三步，有的人硬是下毒手，只要自己无懈可击、坦荡有加，也不妨有所回敬，但不值得费心费力。因为，你有更重要、更有意义、更长学问的事干。

巧言、令色、足恭，左丘明耻之，丘亦耻之。匿怨而友其人，左丘明耻之，丘亦耻之。（公冶长篇第五）

花言巧语、装模作样、逢迎讨好，左丘明认为这样做是可耻的，我也认为这样做是可耻的。把怨怼和不同见解隐藏起来，去与你本有微词的人交友，左丘明认为这样做可耻，我也认为这样做可耻。

以德报怨

有时别人流露出小小恶意，例如对你羡慕嫉妒恨，你高高在上，不以为意，仍然可以在必要时对他施以援手。何况这里还有顾全大局问题，蔺相如对廉颇就做到了以德报怨。雨果的《悲惨世界》里，一个神甫对冉·阿让也是以德报怨。至于提倡以眼还眼、以牙还牙，也同样可能有自己的针对性，如果自己不是迫害狂的话。

以直报怨，以德报德。（宪问篇第十四）

我觉得，最好是以光明正大回报心怀鬼胎（暗地使坏、造你的谣言、给你打小报告之类），同时以恩德回报恩德，以善待回报善待。

富而无骄，贫而无怨

富而无骄，对于君子来说，其实等于锦上添花，稍微有点常识与分量的人做起来并不难。贫困呢，等于你的地位下滑，荣誉耗散，满腔郁积，岂能一味压制？贫而无怨，需要更高得多的境界、信心、本钱、功底。仅有一个忠诚恭敬的理念，有一个仁义礼智信的道德信条，远远压不住要吗没吗的冤屈、怨毒与愤懑。

贫而无怨难，富而无骄易。（宪问篇第十四）

贫困艰难的时刻不怨天尤人，很难做到；富贵荣华中不骄傲膨胀，这倒容易做到。

“窝里斗”的必然性

认为邪恶的美术用色、小调民歌、书生议论能颠覆政权，这样的观点由来已久。当然，这是前现代。

从孔子的论述中也可以看出“同行是冤家”“窝里斗”的必然性。紫色与红色靠近，郑风与大雅都是音乐、歌曲，政治家都要慷慨激昂、口若悬河地发表政见，所以从中看出了以假乱真、以邪侵正的危险。试看当今世界，同一个教派、同一个阵营中互相斗起来，有时候比与宿敌的斗争还激烈与残酷，呜呼！

子曰：“恶紫之夺朱也，恶郑声之乱雅乐也，恶利口之覆邦家者。”（阳货篇第十七）

孔子说：“我讨厌用邪恶的紫色侵犯取代正经的大红，讨厌用郑国的靡靡之音侵犯或取代官方的雅乐，讨厌来一帮子能说会道的嘴皮子胡说八道去颠覆邦国。”

疾患他人者，不是仁人

群众的道德舆论、道德审判、道德制裁，如今是网上的人肉搜索，有可能造成乱象乱局。此语语重心长，英明犀利，良药苦口，值得警惕。

为什么？我们提倡以道德律己，我们尊崇有德之人，我们希望社会上的精英们、掌权者们能够以德治国，做道德教化的模范，很好。但也可能以道德做相争斗的武器，以道德批判煽情点火，如此则很糟。“人而不仁”，你可以疾之患之乃至有所不快，但不能疾之已甚。仁德当然重要，从修身上说很重要，用以判断识别他人则不能过分，你毕竟没有一个度量衡来搞清谁的仁德具备几钱几两。再说，有人不怎么仁爱，你就疾之已甚，你就恨之入骨，首先证明的是你的不仁。仁者爱人，应该包括爱那些自身没有做到足够满意的仁的人，轻易与夸张地疾患他人者，不是仁人。

不为已甚，这是中庸之道的一个根本原则。尤其在对待那些有缺点、有短处的人上，太苛刻、太严厉了，绝不是君子之风。

好勇疾贫，乱也。人而不仁，疾之已甚，乱也。（泰伯篇第八）

勇于挑战，不平（忧患、愤懑、痛苦……）于贫贱，就要出现乱局了。遇到某些不讲仁德的人，对这种人仇恨太过，也要出现乱局了。

君子不争，争也应当文明

中国传统文化对于争夺、竞争、争一日之短长，多半持比较保留的态度。与争强好胜相比较，我们更加提倡的是谦逊礼让。孔子提出了一个君子之争的观念，在我国的知识界中深受青睐。看看网络上有时出现的乖戾的对骂毒掐吧，我们会知道君子之争的可贵与小人之争的不堪。

还有，孔子一方面强调君子不争，也算是对于不争论的一种提倡，另一方面提出君子之争的说法。归根结底，不争论或不争执是不可能的，有差异、有不同的个体与群体就有矛盾嘛，但争执应该文明，应该尊重对方，应该客观全面地对待有争议的课题。当然，今天看来，也许还要强调争要有争的规矩、法则、律例，争的目的不是伤害对方，而是求真理、求进步、求新知。那么，在争论争执的过程中，起始与结束，仅仅揖让与共饮，就远远不够了。对待争与不争，应该有一个更高的标准、更高的义理来主导我们的态度。

君子无所争，必也射乎！揖让而升，下而饮，其争也君子。（八佾篇第三）

君子之间是不会你争我夺的。哪怕是一定要比赛一下射箭吧，互相作揖礼让着开始，比赛结束后又坐在一起饮酒。这样的比赛，也就是合格的君子之争了。

批判也是忠恕之道

第一是孔子警惕依附豪门、为虎作伥的行为，也不赞成给豪强一族当狗腿子、师爷。这表现了孔子的正义感还有尊严感。第二是鸣鼓而攻之云云，读之真切动人，如闻其声，如见其状。这似乎有点搞运动、搞斗争会的意思。不知咱们这里特有的（苏联也没有）群众斗争会是不是受到孔子此语的启发?

季氏富于周公，而求也为之聚敛而附益之。子曰："非吾徒也。小子鸣鼓而攻之可也。"（先进篇第十一）

季氏现在比周公还富有，冉求却帮助他聚财敛钱以增加财富。孔子听说了这个情况，说："这样的人不能算我的学生。你们要敲着锣鼓，造出声势，闹出动静，去攻击他、批判他、反对他！"

越是君子，越有他苛刻的一面

望去端庄，因为他从根上就正经、正派、认真、恭谨。靠近了温和，因为有人向他走过来了，他应该尊重别人，善待别人，听得进别人的话，欢迎与他人交流沟通。说话严厉，因为他目光敏锐，头脑清醒，洞察万象，看得穿各种低级手段，眼里不掺沙子。

越是君子，越有他苛刻的一面。智慧是逼人的，道德律令是逼人的，高境界是逼人的。站得太高，庸俗必然感到他的压力，他不是好好先生。

君子有三变：望之俨然，即之也温，听其言也厉。（子张篇第十九）

君子的神情有三种变化：望过去，他很端庄；走到他的近旁，他很温和；听他说话，他相当严厉。

文过饰非不是君子

看来，文过饰非也不算什么大恶。小人、百姓、被统治者，都有这个习惯。说不定君子与权力中人更有这样的习惯。

看来，不文过饰非并不容易。不经过好好地学习培养、引领造就，你不可能闻过而喜，自我批评，自我调整更新。

看来，一个有过失的人或集团，并不一定是小人或小人集团。只要他们不文过饰非，只要他们对自己的过失抱诚恳与负责的态度，他们仍然可能是高尚的人，是有教养、有境界的人，是坦荡荡的君子。

孔子、《论语》，强调君子之风。同时，孔子也相当了解小人，把小人讲得惟妙惟肖。

小人之过也必文。（子张篇第十九）

小人有了过错，必定要文过饰非，遮遮掩掩。

不要拒绝或害怕改正错误

从《论语》开宗明义关于“不亦君子乎”的教导，透露了“君子”一词的文化标准、文化内涵。君子不君子，坦荡荡还是长戚戚，人不知乃愠还是不愠，这才是标准。君子的定义不仅仅是地位，更不仅仅是血统，还有包括举止风度在内的文化修养、文化成色的某种规范。

过则勿惮改。（学而篇第一）

发现了过错，不要视改正过错如畏途，不要拒绝改正错误。

六亲不认并不是好话

中式人情文化，有它的局限性也有它的合理性，一般情况下，六亲不认并不是好话。但施恩从身边做起的说法境界太小，遗留下不少祸根。重视故旧亲朋，固然是一种善意，但不断开拓新局面的需要又会使你不能停滞不前，更要发现新人、新制、新意。怎么能裹足不前，徘徊在关门抱团、自我温暖热乎上？

尤其是身边亲友故旧会有利用权力关系寻租谋私的情况，会有犯错犯罪的情况，遇到这种情况能不能坚持义理原则，就更重要了。

君子不施其亲，不使大臣怨乎不以。故旧无大故，则不弃也。无求备于一人！（微子篇第十八）

君子不会不顾自己的亲朋，不会让大臣抱怨无端被冷落。对于老关系，如果没有大毛病，不能舍弃他们。不要对一个人一味求全责备。

对偏激的诗文可以网开一面

愚，是老子最提倡的，显然它包含了单纯、听话、易于统领的含义。而鲁的另一面是直爽、勇敢、正义。辟即剑走偏锋，说不定也有特殊的创造与贡献，说不定能放射出天才的火花。偏激的思路，如果是做学问、写文章，说不定能闹出点片面的深刻性来。总之，对偏激的行为，我们尽量避免和制止；对偏激的诗文，我们可以网开一面，留下研究把玩。至于喭（莽撞）者也是历史与人生中所需要的，所谓闯将是也。

柴也愚，参也鲁，师也辟，由也喭。（先进篇第十一）

高柴愚傻，曾参鲁直，子张偏激，子路莽撞。

不要搞凶狠的赶尽杀绝

孔子的仁心及于鱼鸟，反对搞凶狠的赶尽杀绝。他虽然是从道德层面来考虑问题，却完全符合当今保护环境与生态的要求。诚然，在一定的层次上，科学、福祉、仁义、美感、哲理是相通的。

子钓而不纲，弋不射宿。（述而篇第七）

孔子钓鱼，不用大绳渔网；孔子猎鸟，不射夜宿枝头的鸟儿。

第九章

内在革命：『心』的试炼

内心的修为，永无止境

为什么做到仁那么不容易呢？说明内部、外部，都有大量的欲望、私利、愚蠢。用佛家的说法，则是贪、嗔、痴、怨等破坏着一个人的仁德。而内心的修为，又是永无止境的。一个人能够时时狠斗一闪念的不仁，时刻不放松，也殊不易。

回也，其心三月不违仁，其余则日月至焉而已矣。（雍也篇第六）

颜回的内心是长久地不违背仁德的，别的人啊，个把月、个把天能做得到就不差了。

人首先还是要完善自己

不要迷信捷径与处世奇术，如果获罪于天，违背了天道，招致了天谴，你媚了奥也罢、灶也罢，你的门槛再高，什么也救不了你。一个人，首先还是要兢兢业业，完善自己。孔子把人们从实用主义、机会主义上往回拉了拉。

王孙贾问曰："'与其媚于奥，宁媚于灶'，何谓也？"子曰："不然，获罪于天，无所祷也。"（八佾篇第三）

卫灵公手下的王孙贾请教孔子说："俗话说：'与其讨好高高在上的玉皇大帝，不如去拉拢昼夜亲密相处的灶王爷。'请问这话应该怎样去理解呢？"孔子答道："不一定吧。如果你犯了天条，求哪尊神也没有用。"

充实自己是一切的起点

礼让谦逊的本质是自己充满自信，从而更加尊敬与愿意请教别人，正因为自己已经掌握了大量信息，不怕旁人忽悠，不怕旁人轻蔑。愿意汲取一切合理的哪怕是不同的意见，正因为自己胸有成竹，心如明镜。一个人越是处于优势，就越可以礼让三分。而对于小小不言的误解、鸡毛蒜皮的争执、意气用事的攻讦，根本不屑一顾。这些话讲得提气给力。

以能问于不能，以多问于寡；有若无，实若虚，犯而不校。（泰伯篇第八）

以自己的多才多能却甘向无能的人请教（相信各有所长，他们仍能在某方面指教自己）；知识丰富的人向一个知识贫乏的人请教（相信他们仍然能具有自身没有的知识、智慧，相信与许多人有互补的可能与必要）。自己明明有丰富的见解，只像是一无所有（注意聆听汲取他人的见识）；自己明明有实在的依据，只像是空空洞洞（注意面对不同的说法）；被侵犯了也不争论辩白（不必为自己而争）。

人要清醒地看待自己

人多自恋，人多自诩，人多原谅、辩护、欣赏直到放纵。一个能够清醒地判断与要求自己的人，难能可贵！

已矣乎！吾未见能见其过而内自讼者也。（公冶长篇第五）

还能说什么呢？我还没见过发现了自己有错就在心里责备控告自己的呢。

注重内心的仁爱高尚

自古至今，讲仁爱（德行、泛爱、爱心、善良、利他、原则、信仰、价值等）的人多了，真正从心里使劲的人似乎并不常见。相反，人们常常见到盘算利益、名声、权力、享受的人。正因如此，注重内心的仁爱高尚的人更加难能可贵。

孔子在仁当中又分为两等，一种是好仁即自觉地追求仁的人，一种是至少否定不仁不义、不善不德的人。这个说法是有意味的，因为怎样才能算是仁，是无限的。表达一个人的仁爱之心，没有止境。比如，一个地区发生地震了，你可以捐款，可以前往去做志愿者，可以参加援建，可以收养地震遇难者的遗孤。这并没有一个统一的标准，也难以以此来臧否一个人参与慈善救济的表现。说一句无以尚之，也就对了。但一个人至少应该厌恶、否定那些不仁不义不道德的事，例如，在受灾后贪污救灾款项、发国难财，虚报灾情与救灾事迹，等等。

有能一日用其力于仁矣乎？我未见力不足者。盖有之矣，我未之见也。（里仁篇第四）

那么有没有谁用一整天的时间与力量来奋力于仁德的修为呢？不会有什么人没有这个时间与力量吧。其实这样努力求仁的人是有的，但我还是没见过呀。

涵养培育自己的内心

孔子已经够重视礼乐的了，但他更重视的是内功、心功，是内心的涵养培育，是灵魂的塑造滋养。有时候，孔子强调的是通过"礼乐"即外在的规范来治心。有时候则是强调从先验的孝慈或孝悌入手，由小及大，由天真烂漫到浩然正气，来培养社会秩序所需要的全部仁爱忠义及智信廉耻的内心，加上文质彬彬的风度。这个培育过程说起来合情合理，做起来难矣哉。有时候孔子慨叹，礼了半天，乐了半天，其内心仍然可能不仁，问题相当严重的喽，礼乐治国，谈何容易？

人而不仁，如礼何？人而不仁，如乐何？（八佾篇第三）

一个人，心中无仁爱，即使符合礼制程序，又能怎样？一个人，心中无仁爱，即使注重音乐节律，又能如何？

安慰和舒展个体的生命

孔子不怎么正面地谈死亡问题，不像庄子那样豁达超越地讲“夫大块载我以形，劳我以生，佚我以老，息我以死。故善吾生者，乃所以善吾死也”（《庄子·大宗师》）。但通过孔子一贯对丧礼的重视，表达了他对生命的珍重，对祖先的敬意，对短促的个体生命也是一种安慰和舒展。

大哉问！礼，与其奢也，宁俭；丧，与其易也，宁戚。（八佾篇第三）

这个题目可太重大了。礼仪，与其搞得夸张铺陈，不如从简；至于丧事，与其搞得流畅方便，不如充分表现出悲哀。

坚守求仁的天良

内心的修为，说难则难，说易则甚易，叫作不外乎一念之差。孔子说到一些具有某方面美名的人物，都说是自己不能认同他们就是仁德之人。又说，你要仁，自然就会仁。也就是说，如果你不仁，不是什么学习积累锻炼的问题，只有一个原因，你不欲仁。你缺少求仁的天良，你受到了凶恶贪婪的影响，你压根儿不想做仁德之事。

仁远乎哉？我欲仁，斯仁至矣。（述而篇第七）

仁离我们遥远吗？你只要想做一个仁者，你也就达到仁了。

世界唯有直道可取

想起延安时期领导人爱讲的话，我们要靠马克思主义吃饭，靠实事求是吃饭，不是靠装腔作势、借以吓人来吃饭。问题是社会现象的显露真情与得到报应需要一段或短或长的时间。不正直，不但无祸，而且得意扬扬几十年、好几代的，也有的是。碰到了曲佞诬罔之人纷纷春风得意的世道，你还能不能坚信世界仍然是只有直道可取呢？这才是要紧处。

人之生也直，罔之生也幸而免。（雍也篇第六）

人生来应该是正直的，不正直的人也生存着，他们那是侥幸免于祸患而已。

践行常道，就是坚守大道

把盲人看不见的东西告诉他，就是道。也就是说，能消除黑暗与盲点的光明，就是道。把他人最需要的东西给予他（她），就是道。助人，就是道。时时说出真实，就是道。

与老子的“道可道，非常道”相比，孔子的道是常道，它也许少了些终极关怀，少了些无穷、万物之始与万物之母，但多了些亲和与人性之仁善。

师冕见，及阶，子曰：“阶也。”及席，子曰：“席也。”皆坐，子告之曰：“某在斯，某在斯。”师冕出。子张问曰：“与师言之道与？”子曰：“然。固相师之道也。”（卫灵公篇第十五）

乐师盲人冕来见孔子，到了台阶上，孔子告诉他：“这儿是台阶了。”到了座席上，孔子告诉他：“到了座席上了。”都坐下了，孔子告诉他：“这边是谁，那边是谁。”师冕出去后，子张问孔子：“您这是与乐师谈大道吗？”孔子说：“是啊，这就是对于他的道啊。”

万事皆需耐心与定力

做什么事都要有耐心与定力，孔子这里强调的是“恒”的重要性、关键性。如马克思回答女儿时所讲，他追求的是“目标始终如一”。

巫医则由于其神秘性、通灵性、撞大运性，由于其既形而下又形而上的性质，更不能急功近利、立竿见影。心急吃不了热豆腐，心急也治不了自己的或他人的病。心急还无法催促卜卦上的美好预言落实，或险恶预言撤销。

何况赶上的是一个急于求成、心慌意乱并无恒心可言的人，干脆不去占卦，岂不更好。

占卦是为了知命运，求医是为了保性命、保健康，这些都谈何容易？这些又都似是似非，明白人不掺和这一类不明不白的事儿。

南人有言曰：“人而无恒，不可以作巫医。”善夫！（子路篇第十三）

南方人有这种说法：“一个人没有恒心、耐心、定力，就不要去做巫医（也不要去找巫医占卜治病）。”这话说得太好啦！

积极地自我鼓励

什么事都可以从不同的角度解读，有了一点点自己需要的东西，强调是有了，就是正面的理解；强调只有一点点，远远不足，就是负面的理解。人生中有这样的情况，你不断地乃至夸大地鼓舞自己，结果一件可负可正、可忧可喜的事儿真的往好里变化了。而如果你太阴暗、太激烈、太多疑，一件事情就真的变成灾难了。

子谓卫公子荆："善居室。始有，曰：'苟合矣。'少有，曰：'苟完矣。'富有，曰：'苟美矣。'"（子路篇第十三）

孔子说卫国的公子荆："他善于居家度日，很会生活。刚刚有了点财产，他便说：'算是有了点家底啦。'又增加了少许财产，他会说：'也就算齐备了、齐活了。'更多地积累了财产以后，他就说：'我过得也够完美喽。'"

时时处处不忘上进和谐

强调朋友、兄弟之间也要有所切磋，也要处得愉快，要相得、相知、相和、相推动、相切磋砥砺。时时处处不忘上进有益、和谐快乐，孔子是我国正能量的祖师爷，用心亦良苦矣。

朋友切磋？兄弟愉快？此说未见高明，有点大实话味道。

切切偲偲，怡怡如也，可谓士矣。（子路篇第十三）

互相切磋，愉快相处，可以称得上“士”了。

好学、善学、清晰、明达

好学、善学、清晰、明达，一以知十，其实不仅是一个智力问题，更是品质——人格问题。好学，起码说明一个人虚怀若谷、努力上进、倾心仁德大道，而绝非斤斤于蝇头小利。善学，起码说明一个人不自以为是、不执拗较劲、不故步自封，肯于延伸与调整知识、动脑用功、做有心人，注意汲取营养，懂得与时俱进。清晰，是由于拎得清轻重缓急，不被低俗的功利得失计较所左右，遇事抱理性态度，不陷入个人情绪化的好恶。明达，更是心胸阔大、目光长远、不抱成见、不纠缠于一己的表现。

最可悲复可厌的则是愚而诈、傻而坏，位高却又鼠目寸光，沉溺于自恋与小算盘的人。这样的人呼之欲出。

子谓子贡曰：“女与回也孰愈？”对曰：“赐也何敢望回？回也闻一以知十，赐也闻一以知二。”子曰：“弗如也！吾与女弗如也。”（公冶长篇第五）

孔子问子贡：“你觉得你与颜回哪一个更出色些？”子贡回答说：“我哪里敢与颜回相提并论？颜回是得知了一，就明白了十倍的道理与学问；我呢，得知了一，能明白两倍的道理和学问就不错了。”孔子说：“你是比不上他。我跟你，这方面都比不上他。”

要学习，也要规范

第一要学习，愚昧无知容易滑向悖谬乃至罪恶，例如暴恐。第二要规范，学问大也要对己有所规范，例如贪官，就是因不知规范而自取灭亡。

君子博学于文，约之以礼，亦可以弗畔矣夫！（雍也篇第六）

君子读书学文，博古通今，又能以礼法来约束和规范自己的行为，也就不会做出什么悖谬的事儿了。

为之不厌，诲人不倦

老师谦逊：我只做到了一小点。学生谦逊：我们连这一小点也做不到。太谦逊了可能对上进与竞争产生负面影响。

这是一个好题目：“中国人的谦逊”或“谦逊与国情”。研究国情，必须研究孔子，孔子是中国国情的归纳者、缔造者与奠基人。就冲孔子与其弟子们的谦虚劲儿，就够我们学习一大阵子的了。

孔子对自己的总结，一个是坚持行动——为之不厌，一个是坚持宣扬——诲人不倦，这也是一以贯之喽。

抑为之不厌，诲人不倦，则可谓云尔已矣。（述而篇第七）

也许我是坚持努力，并且始终耐心地教诲他人，最多也不过是如此罢了。

做人，也是求其平衡、均衡

其实时刻做到面面俱到是不容易的，从长远来看，一个人总会有几个方面。做人，也是求其平衡、均衡。

温和好，失去了坚定性与原则性就不好了，所以还要补上“厉”。威严是必要的，太凶猛莽撞就伤人害人了，提醒您悠着点，别那么猛恐怕是必要的。几十年政治运动中表现威猛的作家就有几个，他们的经验值得记取。恭敬小心，如果变得哆里哆嗦、进退失据、闹心乱意，当然也是走向了反面，您还得安详踏实些。

子温而厉，威而不猛，恭而安。（述而篇第七）

孔子温和敦厚而又坚定明确，威严而不凶猛，恭谨而又安详。

尊重旁人，才能尊重自己

文明，就是文明，要特别尊敬照顾居丧者、从事官方或正式活动者、残疾者。对特殊状况下的人特殊对待，表明的是你不仅关注自己，也关注尊敬照顾他人。为什么几千年过去了，我们的同胞有时做得竟是那样差？

孔子非常懂得尊重旁人，所以能尊重自己。能尊重旁人的角色、处境、困难，所以能理解与照顾人生的方方面面的境遇与可能。他很周到，很文明，堪称师表。

子见齐衰者、冕衣裳者与瞽者，见之，虽少必作；过之，必趋。（子罕篇第九）

孔子见到穿着丧事服装的人、衣冠整齐着正装的人、视力受损或丧失的人，即使他们年轻，也一定起立作礼；经过他们的时候，一定要弓腰快走。

做好人一点也不难

做好人一点也不难，难的是你不愿意做。

“出则事公卿，入则事父兄。”做人，道德上是尽人的义务，这可以称作人（义）务思想，与从西方引进的人权思想可以有所比照切磋。

出则事公卿，入则事父兄，丧事不敢不勉，不为酒困，何有于我哉？（子罕篇第九）

在外好好侍奉公卿大人，回家好好侍奉父兄长上，办丧事不敢不尽心尽力，喝酒从不过量，还能要我怎么样呢？

结交君子，远离小人

孔子反对虚伪，主张诚实；反对奸佞，主张直言；反对花言巧语，主张质朴务实。这是一贯的。

问题是多数人未能免俗，会一面看出了某些人的阿谀、阴柔、投机，一面觉得这样的人也招人待见，有用场，可以给你抬轿，可以解闷，不妨交往与使用。最后，是自己被他们利用。

同样，你也会看出某些人的耿直与诚信，但你觉得他们犯傻、不合时宜、说话不好听。于是，最初是敬而远之，其后是厌而拒之，最终是怒而诛之。

于是，你结交了小人，远离了君子。这不能不让人想起诸葛亮的《出师表》："亲贤臣，远小人，此先汉所以兴隆也；亲小人，远贤臣，此后汉所以倾颓也。先帝在时，每与臣论此事，未尝不叹息痛恨于桓、灵也。"

益者三友，损者三友。友直，友谅，友多闻，益矣。友便辟，友善柔，友便佞，损矣。（季氏篇第十六）

对人有益的交友与对人有害的交友各有三种：与正直的人交友，与诚信的人交友，与博闻多识的人交友，这是对人有益的。与阿谀拍马的人交友，与阴柔诡诈的人交友，与见风使舵、巧言令色的人交友，则只能造成负面的后果。

君子要时常自我警惕

孔子思考与谈论问题，论述的角度是多维的。他有时候从共时的结构性方面谈问题，如掂量道、德、仁、义、忠、恕、信的延伸与共生；有时候又从时间的维度考虑沿革与变化，如从三代谈到现实，从十五岁谈到七十岁，从少谈到壮与老。

资格老了，什么都想要，虽非必然，却有此情。其实到了此时，更应清心寡欲。

君子有三戒：少之时，血气未定，戒之在色；及其壮也，血气方刚，戒之在斗；及其老也，血气既衰，戒之在得。（季氏篇第十六）

君子有三个方面需要警惕：少年时候，气血尚未成型，要警惕女色的引诱与沉迷；壮年时候，血气刚刚强健起来，要警惕好胜与耽于争斗；而等到老了，血气开始衰弱，应该警惕伸手要这要那。

反省贵在温习、实习

反省的习惯本不足为奇，一个小商贩，他也要一日三省：卖东西赔钱了没有？吸引到顾客了没有？与同类型小贩相比，有做得不如人家的地方没有？一个小公务员也会每日多次反省：上级分配的任务保质保量完成了没有？得罪了不该得罪的人没有？说话与举止失当或失态了没有？等等。

好一点的是"传不习乎"的反省。传授、学习、温习、实践，这是没有止境、没有上限的，提高充实的空间是非常大的。至于习是温习、复习，还是实行、实习的讨论，窃以为可以兼收并蓄，二义照单全收。一个习字有这么两个讲法，正是汉语的妙处。

"三省吾身"，并不刺激，真做得好，也不容易。因为真正认真地反省自己过错的人着实有限，而自以为是、自我膨胀的人到处都有。

曾子曰："吾日三省吾身：为人谋而不忠乎？与朋友交而不信乎？传不习乎？"（学而篇第一）

曾子说："每天我都多次进行自省。为上司、为他人谋划办事，是否用心用力了呢？与友人交往，是否说话算话、诚信可靠了呢？被传授了学识，是否常常温习、实习了呢？"

分清有益和有害的快乐

礼而不节制，对于下面的人来说，多礼到一定程度便显虚矫与劳民伤财。对于位高的人来说，礼太多了便是排场威风，讲究形式主义，失去了朴质与恰到好处。乐太多了更是奢靡之一种。孔子提倡礼乐，同时提倡节制礼乐，这很辩证。这也再次说明孔子要的是恰到好处，不是过犹不及。

寸有所长，尺有所短；智者千虑，必有一失；愚者千虑，必有一得。交友也不可自视过高，也要学会称道他人之善。

至于以实不高明的乐趣为乐，这样的俗人、糊涂人、小人多了去了。他们以放纵为乐，以吹牛皮、放大炮为乐，以东游西逛为乐，以一味地享受吃喝为乐，而不思进取、不思有所贡献与回报。这样的人和事，多乎哉，甚多也。

以何为乐？这是做人之道的要求，也是境界的表现，还是君子文明气质的明证。

益者三乐，损者三乐。乐节礼乐，乐道人之善，乐多贤友，益矣。乐骄乐，乐佚游，乐宴乐，损矣。（季氏篇第十六）

对人有益处的快乐有三种，对人有害的快乐也有三种。乐于节制礼乐，乐于称道他人的长处、好处，乐于结交更多的贤明的朋友，都是对人有益处的。乐于放肆骄纵，乐于游逛无度，乐于安享福乐吃喝，对人是有害的。

把天良最自然、最质朴、最真挚地表现出来

孔子的要求在于内心，他是要求苦下内功的。他要求的仁德圣明，正是人心人性、天良天理、良知良能的最自然、最质朴、最真挚的表现，而不是相反。这一点，孔子甚至可以说是纯真可爱。问题在于，事情往往没有这样简单，人性也绝不是尽善尽美。孔子的一生，并没有能够通过从政的事功来足够地证明自己的天理良心论能够迅速取胜，却恰恰证明了社会与历史的不尽合榫。

作为实行家，孔子碰了许多壁，至今有人称他（他自己并不否认）惶惶如丧家之犬。唐明皇在《经邹鲁祭孔子而叹之》诗中也叹息他：“夫子何为者，栖栖一代中……叹凤嗟身否，伤麟怨道穷……”但作为思想家，他的理念胜利了。他身后被发现了无与伦比的价值，乃被后世权力系统认同，又同时被黎民百姓认同。

居上不宽，为礼不敬，临丧不哀，吾何以观之哉？（八佾篇第三）

如果你居于高位而没有度量，如果你行礼如仪而没有虔敬，如果你面临丧事（或处于居丧期中）而没有悲哀，这样的人士还有什么可观可说的呢？

君子守持敬畏之心

第一，只有敬畏，没有质疑以至颠覆，就没有革命，没有改革，没有飞跃与前进。

第二，如果不知人生总应有所敬畏，如果不会珍惜人类积累的一切物质与精神资源，就会大言欺世、愤世嫉俗、空谈误事，除了闹心，此生不会有任何成就，更不会有任何建树。这样的人如今数起来，折腾一时，不知所终者，多了去了！

第三，一个正常的社会，有公认的价值观，就有公认的敬畏。要颠覆一个社会，必然先要颠覆这个社会的普遍敬畏。对于孔子的圣人教训的敬畏，维护了中华民族的数千年的存在与历史。至于谈到中国历史发展上有过的停滞，问题不在于有所敬畏，而在于价值观与敬畏没有随着时代而充实丰富演进。责任在后人，不在前人孔丘。

第四，孔子讲的“三个敬畏”有其颠扑不破的道理，敬畏天命就是敬畏世界、自然、终极，天人合一，敬天积善，不敢造次。敬畏大人就是敬畏古往今来的杰出人士，继承与弘扬一切优秀传统与既有成果。敬畏圣人之言，就是敬畏历史，包括思想史与文化史，敬畏典籍。一个人在历史上被尊为圣人，当然不是偶然，你不可以轻慢猖狂的态度对之。

第五，敬畏，可能通向停滞与畏缩，也可能通向继承、弘扬、创新，包括扬弃颠覆革命，责任自负；是老朽耗散化，是被颠覆，还是面貌一新永葆青春，未来要靠自己创造。

君子有三畏：畏天命，畏大人，畏圣人之言。（季氏篇第十六）

君子有三方面的敬畏：敬畏天命天意（尤其是天谴），敬畏崇高显赫的大人物，敬畏圣人的训诫规范。

简约不仅在物质，更在精神

一个人铺张贪婪，容易出毛病。这里的简约，不仅是物质上的，更是精神上的。

以约失之者鲜矣。（里仁篇第四）

一个人由于简约自律而发生了失误的，很少见。

生活的心态要平缓从容

孔子会教育人，能够为修齐治平操心，同时也很会生活。他不是苦行僧，他不是工作狂，他毫无偏颇变态，他心态健康、生活正常、自我控制与自我调整能力很强，他拒绝咋咋呼呼、仓仓皇皇的歇斯底里。

子之燕居，申申如也，夭夭如也。（述而篇第七）

孔子闲住在自己家里的时候，衣帽整洁，什物摆放有条理，平缓从容（过得文雅而且舒适）。

感同身受，换位思考

感同身受，换位思考，心连心，是之谓也。这样的仁德与情商，怃然动人。

对于丧事，今天的态度是为之悲哀，为之严肃。如《庄子 · 德充符》中描写的孔子名言“死生亦大矣，而不得与之变”（死生之事够重大的了，但它不能改变一位贤者）。同时，丧事应该使后死者更加珍惜自己的有生之日，恪尽一个生者的义务，辉耀生命的分分秒秒。

子于是日哭，则不歌。（述而篇第七）

在附近有丧礼的那一天，孔子也随着哭泣，不唱歌。

诚信事关大义、大原则

中国人是讲究小道理服从大道理、小概念服从大概念、小人物服从大人物的。诚信的目的不仅仅是诚信，而是服膺与践行大道理。如果你的诚信事关大义、大原则，那就是言而有信了，你的诚信的意义从而就加大了。所以，传统道德中有个名词——信义。

如果你的恭谨举止，恰恰符合礼法的要求，那就不会在人际关系中有尴尬感、屈辱感了。而你的公关活动，如果以自己的亲属友邻为基础，也就能够被社会所接受所认可了。传统道德范畴又有个词——礼义。礼是行为举止的规范；义则是大道理，是思想认识的规范。中国一直自诩为"礼义之邦"，就是说是一个行为与思想都有自己的规范的国家。现在有人写为"礼仪之邦"，不对。礼仪讲的是礼的形式、程序。

《论语》中对于做人的讲究，高雅简练，如诗如歌，极高明而道中庸，此亦一例。

信近于义，言可复也。恭近于礼，远耻辱也。因不失其亲，亦可宗也。（学而篇第一）

诚信的修为是向恪守大义（正义、道理）靠拢，一个讲诚信的人的言说是可以兑现（说话算话）的。恭敬谨慎的修为则是向礼法靠拢，这样在人际往来中，他就不会尴尬、不会丢人了。联络依傍（公关），不忽略自己的亲人，从自己的亲友做起，也就是易于接受与认同的了。

仁人少忧，勇者不惧

与恶人相比，仁人少忧，勇者不惧。勇者分得清哪些是虽险而必须向前冲锋的，另外一些则是知其不可而为之的，还有一些必须是观察与等待的，乃至如老子所说是需要"勇于不敢"的。例如，在某种煽情与起哄的背景下，你能不能不跟着哄闹，能不能坚持理性与渐进，这当然是需要勇气的。

所以，我说过：大勇无功。大勇不是血气方刚之勇，不是匹夫之勇，不是极端性、破坏性、情绪性之勇，而是与更深刻的思考、缜密的头脑、负责的态度相结合起来的勇。

然而无疑，孔子提倡的是坦荡荡，是无忧，是乐山乐水，是人不堪其忧，我不改其乐。这个提倡在某种意义上，比提倡忧似乎更可爱些。

知者不惑，仁者不忧，勇者不惧。（子罕篇第九）

智慧者不困惑，仁爱者不忧虑，勇敢者不惧怕。

心怀敬畏，有所不为

临危莫爱身，见利莫忘义，这是根本性原则，这是有所不为、有所不取的君子与无所不为、无所不伸手的无耻鼠辈的差别所在。

古人如此重视祭祀与居丧，事关古人的终极信仰、宗教情怀：祭天地，祭祖先，祭江河水火生死病灾各方面的神灵，不是可以掉以轻心的事。

越是现代，去魅去惑，人们越是无所畏惧了。但是，无所畏惧的结果可能是人的自我解放，也可能是人的胡作非为；可能是人的幸福，也可能是人的灾难。无所畏惧，无所限制，无所不为，人从而变成天使还是魔鬼呢？这值得人们反省深思。

有所畏惧的人有福了，因为他有所崇敬，有所约束，有所信仰，在他（她）的心里就有波涛浩渺，有泰山矗立，有阳光灿烂，也有匍匐融合。而绝对的无所畏惧、挂牵、沉醉、膜拜，也是一种不可承受之轻，是一种等同于绝对虚无的自由：生命 ×0。

士见危致命，见得思义，祭思敬，丧思哀，其可已矣。（子张篇第十九）

一个士人，遇到危难，勇于献出生命；见到利益，首先思考是否符合道理、大义；祭祀，努力做到恭敬；遇到丧事，居丧期间做到悲哀。这样做人也就可以了。

勿以小人之心度君子之腹

有些个坏人、小人、愚人，不理解不接受道德自律、道德追求的精神需要，便凭空做一些匪夷所思的假设，来为难追求高尚精神的人。如"你勇敢，你敢在海啸时分往大海里跳吗""你无私，你愿不愿意将月薪全捐给我""你尊重残疾人，你干脆娶个弱智女做老婆吧"之类。

君子可逝也，不可陷也；可欺也，不可罔也。（雍也篇第六）

对于君子，可以要他干点什么，但不可以陷害他；可以欺之以方（让他多辛苦、多奉献一下之类的），但不可以平白无故地忽悠他呀。

人不可利欲熏心

追求道、追求修齐治平、追求规律法则、追求根本究竟的精英在世俗生活上不一定成功。这是事实，有一得就有一失，有一长就有一短。因此，一个斤斤于享受级别待遇财产的人肯定不具备道性、悟性、灵性，知性也颇有限，很可能无法叫人看得起。还有，你想有所获得，就不能拒绝有所付出、有所延误、有所牺牲。所谓“占便宜没够，吃亏难受”的人，所谓利欲熏心的人，所谓“给他小碗他不要，给他大碗他害臊”的挑来拣去的人，没有出息，更与大道差之千里！

士志于道，而耻恶衣恶食者，未足与议也。（里仁篇第四）

一个读书人，一个精英，有志于学习把握天下的大道，而将吃穿得不太满意、物质生活上标准还不够高当作自己的羞耻并为之焦虑，这样的人就不配与别人讨论什么道不道的了。

人不应该过于细致曲折

孔子不认为人应该活得过于细致、过于曲折，人际关系也只能建立在相互坦诚直率而不是曲意迎合的基础上。

孰谓微生高直？或乞醯焉，乞诸其邻而与之。（公冶长篇第五）

谁说那个微生高直爽耿介呢？有人向他讨醋，他不说自己没有，而是从邻居那里要来再转交讨醋的人。

不义而富且贵，于我如浮云

孔子恭谨成性，他率性即成仁爱、成大义、成优雅、成清高。“不义而富且贵，于我如浮云”，四两拨千斤，为多少有识之士吐出一口鸟气，而且留下了一个君子微笑的剪影。

饭疏食饮水，曲肱而枕之，乐亦在其中矣。不义而富且贵，于我如浮云。（述而篇第七）

吃点粗粮淡饭，饮些白水，枕着胳臂歇息，（这简单的生活）已经使我满足而且快乐了。不符合正道而取得的财富和地位，对于我来说，不过是天边的浮云（不着边际，转瞬即逝的幻象）罢了。

伟大的人不可能完全合群

伟大的人不可能完全合群，合群的人难以非常伟大。因为群则难伟，伟则不群。杜甫写李白就是“白也诗无敌，飘然思不群”。像孔子这样能保持自己的不群，同时又尽量做到合群，实在是恰到好处。

子与人歌而善，必使反之，而后和之。（述而篇第七）

孔子听人唱歌唱得好，一定要求他再唱一遍，同时在后一遍与他合唱或自己应和一遍。

宁失之俭，不失之奢

任何性格与选择都有正反两面。孔子对人性与行事风格的理解相当深透，是一个世事洞明、人情练达而又拎得清的人。

奢是放肆的表现，当然不谦逊，讨厌、造孽，容易捅娄子。俭是古板的表现，当然容易老八板儿，欠灵活。比较起来，宁当老八板儿，不当牛皮哄哄；宁当保守派，不当冒险家；宁失之俭，不失之奢，可以理解。

这点也与老子一致："一曰慈，二曰俭，三曰不敢为天下先。"（《道德经》第六十七章）

奢则不孙，俭则固。与其不孙也，宁固。（述而篇第七）

奢华铺张的人不懂礼让谦逊，俭朴节约的人固执呆板。与其不讲礼让谦逊，宁可固执呆板。

人不可言而无信

强调信用，无疑。但是，政治人物常常有下列情况：没有掌权时，他是理想主义者，对时政的批判如飓风雷电；等掌了权，他变成实用主义者，强调的是耐心与秩序，然后不断推迟实现自己许诺的日程。古今中外，这一类的事不胜枚举，你怎么说呢?

人而无信，不知其可也。大车无輗，小车无軏，其何以行之哉?（为政篇第二）

为人没有信用，那怎么行？就像大车小车、牛车马车缺少了套牛马的关键木制部件。没有那样的部件，套不上、使不上牛马大畜，车还怎么走呢？

不要做急于表现骄傲鄙吝的人

人生经验告诉我，真正有周公之才之美的人，如果骄且吝，常常会发生不幸的悲剧，但他们毕竟还留下了一些思想，留下了一些事迹，留下了一些作品，留下了一些遗憾和叹息。问题是，容易甚至是急于表现出骄傲、鄙吝的人，恰恰既无才也无美意，说不定是一些獐头鼠目、愚蠢窝囊、实在提不起来的货色。他们的表现是喜剧，还是闹剧？是荒谬，还是误会呢？

如有周公之才之美，使骄且吝，其余不足观也已。（泰伯篇第八）

哪怕你拥有像周公一样的才华和俊美，如果你骄傲鄙吝，别的什么也谈不到了。

不要以无所不知、无所不能自居

一个大家、一个师长，硬是回答不了一个鄙夫的提问，太不奇怪了，太司空见惯了。因此，任何教授、博士、领导、首长请不要以无所不知、无所不能自居。何况这里也表现了阶级、层次、学问、智力的差别。孔子怎么可能是万事通、万能人呢？

孔子多次强调自己的一般性、庸常性。他不是什么气功大师，绝不卖弄家传秘方与特异功能，这更显宏伟！

子曰："吾有知乎哉？无知也。有鄙夫问于我，空空如也。我叩其两端而竭焉。"（子罕篇第九）

孔子说："我能算是有知识的吗？没有多少知识啊。有时一个乡巴佬向我提一个问题，我硬是回答不上来。从头到脚，从这头到那头，思前想后，我使尽了（吃奶的）力气。"

没有闲工夫，不会闲操心

最欣赏的是孔子说自己没有闲工夫议论他人是非，太有同感了。我常常感觉到的是，不必感叹自己特别高尚，不是自己没有对他人的失望与批评，也不是自己没有非正面乃至非高雅的情绪需要发泄。只是太忙碌了，需要写作，需要读书，需要开必要的会议，需要向许多人学习，也需要反省与改善自身，还要看电视、听音乐、游山玩水、游泳健身……谁还顾得上去关心某些鸡鸣狗盗的破人破事！

子贡方人。子曰："赐也，贤乎哉？夫我则不暇。"（宪问篇第十四）

子贡说旁人的坏话。孔子对他说："赐（子贡的名字）呀，你有那么贤明吗？不注意改善自己却盯着旁人，要是我呀，可没有这份闲工夫。"

不发牢骚，反求诸己

反求诸已。世上有多少牢骚鬼，一无所长、所能、所知，仍然在那里跟这个比，跟那个闹，到处伸手，到处碰壁。每个人最应该自问的是同一个问题：“你究竟干得了什么？”

不患人之不己知，患其不能也。（宪问篇第十四）

不怕旁人不了解自己，就怕自己没有那个能力。

不要出色厉内荏的洋相

色厉的目的是装腔作势，借以吓人；内荏最可能的原因是一无所长、一无所能，却有了高位大名。无德无能的人如果不色厉，不摆谱，不动辄给有真才实学的人扣帽子，他的买卖还怎么做下去？所以，越是内荏，越要色厉。而越是色厉，穷凶极恶，就越要大言不惭、恐吓讹诈、吹破牛皮、丑态百出。古今中外，这样的例子不胜枚举。

色厉内荏症的多发，第二个原因是古往今来，国人多有怀才不遇的心态。有才无才，大才小才，浅才深才，真才假才，都自以为不遇；不遇的结果是自卑，是内荏；不平不服的结果是自傲，是傲视一切，是生怕别人看扁了自己；于是色厉、凶恶起来，叫人怎生是好？

色厉而内荏，譬诸小人，其犹穿窬之盗也与？（阳货篇第十七）

外表正颜厉色，内心空虚草包，这样的人，正说明他是低等小人，甚至是像凿壁越墙的小偷呀。

远离浅薄狭隘的人

近之则不逊、远之则怨的人并不确定会出现在哪个阶层或哪个性别里，有些文人也有这个特点。有些急于求成、争名夺利、患得患失的人也是如此。蝇营狗苟者更是如此。

唯女子与小人为难养也，近之则不孙，远之则怨。（阳货篇第十七）

只有妇女和小人最难相处，也最难关注与引领。与他们亲近了吧，他们不知分寸，给鼻子上脸；与他们疏远了吧，他们就会怨声连连（拆你的台）。

第十章

『看』的艺术

察言观色，虑以下人

孔子对于达的诠释，不仅有极高的质直好义的要求，还有察言观色、虑以下人的要求。就是说，达不仅是一个道德标准或主要不是一个道德标准，还包含着、看重着事功标准。别出心裁地将之解为“成功人士”，会不会贻笑大方呢?

夫达也者，质直而好义，察言而观色，虑以下人。（颜渊篇第十二）

成功人士应该是质朴正直，追求正义，体察民情政情及各方态度，清风明月般练达，深思熟虑而又甘居人下。

透过表象才能看到本真

说客说客，同为说，水准确实大不一样：虽然有人说得天花乱坠，其实于事无补，没有干货；而有人说得木讷，其实是要言不烦，一针见血。虽然有人说得高入云端，其实根本派不上用场；而有人说得朴实无华，却是唯一可靠也可行之道。中国是个富有政治经验的国家，早在两千多年以前，上上下下，已经总结出一套判断政见、判断说客政客人品的经验来了。

今天当然没有这么多说客了。但是，中国发展到“文化大革命”时期，外国是西方的议会民主，仍然会召唤出各式的巧言令色。政治斗争与政治利益是巧言令色的催生婆，会使巧言令色极端化、疯狂化、匪夷所思化到惊人的程度。而中国进入传媒时代，也正在培育靠巧言令色、靠各种“秀”、靠传播造势成功，而不是靠真学问、真本事、真质量、真经验、高品位取胜的“星”啊、意见领袖啊之类的。孔子对于巧言令色的反感，对于今天的我辈，仍然有启迪的意义。

子曰：“巧言令色，鲜矣仁！”（学而篇第一）

孔子说：“靠耍嘴皮子、表演情绪吃饭，巧嘴滑舌、忽悠夸饰、装模作样、风风火火，这样的人恐怕绝少有仁心仁术，绝少是仁人志士喽。”

看事情要注重前因后果

注重前因后果，注重一人一事一现象与各方的联系，不但考虑看得见的后果，而且考虑看不见的动机、心术。这是中华文化注意整体性、综合性的一个特点，是中华传统的方法论。与重分析、重个案、重区分、重细节的西式理论有所不同，中华文化注重的是根源、是总体、是动机、是概括。孔学如此，中医药学也是如此。

这种整体主义也需要找找所以、所由、所安，是不是与汉语，特别是汉字的特点关系密切？汉字的综合性、汉语字词的相互关联性，在世界上都是少有的。

视其所以，观其所由，察其所安。人焉廋哉？人焉廋哉？（为政篇第二）

（一个人，一件事）看看他（它）的背景，瞧瞧他（它）的缘由，想想他（它）的用心动机，安的什么心（或他的心思安放寄托在什么地方）。还有什么人什么事，是不可理解的呢？

真伪需要考察与判断

孔子认为，人是分为智和愚、贤和不肖、君子和小人的。因而，人们的见解有区别才是正常的。异口同声，都说好或都说坏并不正常，所以要考察，避免随大流，人云亦云。

这里有一个三人成虎、众口铄金的“定理”，越是愚人，越容易受物议、传言、谣言直至舆论的影响，等舆论成了气候，甚至谁也不敢去碰，易卜生的话剧《人民公敌》说的就是这样的故事。而网络时代造成的一边倒的网极——网民舆论极端化现象，使众恶之、众好之的情况比孔子那个时代更容易出现。个中问题，孔子早有发现；有所提醒敲打，是孔子圣明的地方。

这里的察，是针对“众”的好恶来说的，众不众不是判断真伪的标准，孔子不是民粹派，而更接近精英主义。

众恶之，必察焉；众好之，必察焉。（卫灵公篇第十五）

大家都讨厌一个人，需要有自己的观察分析；大家都喜欢一个人，也需要有自己的观察分析。

知人，然后论世

本来狂妄的人多半会直性子一些，无知的人多半会实在一些，无能的人至少会憨厚一些，偏偏你同样会遇到狂而诡、愚而诈、笨而奸的人，只好叹一声“不可救药”喽。

狂而不直，侗而不愿，悾悾而不信，吾不知之矣。（泰伯篇第八）

一个人如果狂妄却又不肯直截了当，无知却又不实实在在，无能却又不讲信用，我是拿他毫无办法了。

知人论世的技巧

孔子很聪明，能从不同的角度谈知人论世。甚至错误也是分类别的，伟人的过失与小爬虫的过失不可能是一类，蠢货的过失与智者的过失也各有特点，仁人志士的过失与低俗下流的衣冠禽兽的过失没有可比性。这话充满生活气息，是经验与思考的产物。

但也有另外的思路：从法学观点来看，一次过失、一个案件、一个违法行为的判定，应该是在法律面前人人平等，不应该过多地考虑人的归属、等级、党派。对一个人过错的把握太聪明、太细腻、太灵活了，法律干脆就没有办法制定了，国家也就没有办法治理了。

人之过也，各于其党。观过，斯知仁矣。（里仁篇第四）

人的过错，各有其类别、归属、性质。看看一个人有哪些过失，也就知道他是什么样的人啦。

观察的技术与艺术

知言，是指善于从言谈话语中分析一个人的心术、动机、水准与意图。这也需要相当的生活与政治经验。说说是没有用处的，只能反复听而察之，察而判断之，追踪而核对之。人的不同会表现为言语的不同，却又不完全在言语上，不好讲，不好讲啊。

知言也可以理解为会立言、会表达、会说话，做到言语的准确、明白、生动，有说服力，当然至关重要。

不知言，无以知人也。（尧曰篇第二十）

不知道言语的内涵与途径，你就没有办法做到知人善任。

听其言，观其行

听其言，观其行，成了普遍适用的至理名言。如在外交上，也常常讲要“听其言，观其行”。

宰予昼寝。子曰：“朽木不可雕也，粪土之墙不可杇也，于予与何诛？”子曰：“始吾于人也，听其言而信其行；今吾于人也，听其言而观其行。于予与改是。”（公冶长篇第五）

宰予大白天睡觉。孔子说：“糟朽的木头是无法加工成材料的，粪土砌成的墙壁是无法抹平整的，对于他这样的人我已经无话可说。”又说：“最初，我对旁人是听了他们说的话就相信他们；后来呢，光听说话不行了，我还得看看他们的行动。是宰予让我学乖了。”

有无私欲是识人的一个标准

人怕就怕在有所贪，有所求，有所私。在这一点上，孔子看问题有点厉害劲儿！他看得太透啦！

孔子的话可以帮助我们认识判断一个人。不管他如何装腔作势、以大帽子压人，只要张口闭口我我我、围绕着我转悠，只要嘀嘀咕咕于私利、私欲、个人意气，只顾争一日之短长，只要整天怨气、冤气、斗气，他就不是一个刚强者，而是一个外强中干的可怜虫。

子曰：“吾未见刚者。”或对曰：“申枨。”子曰：“枨也欲，焉得刚？”（公冶长篇第五）

孔子说：“我没有怎么见过刚强坚定的人呀。”有人说：“申枨是刚强坚定的人。”孔子说：“申枨这个人私欲太多，私欲多的人怎么可能刚强坚定呢？”

路遥知马力，日久见人心

朋友相交，一个是久了容易轻忽大意，粗疏急躁，暴露弱点。如能一直注意彬彬有礼，很宝贵。一个是路遥知马力，日久见人心，越是与友人结交得久，越是显现了友谊的珍贵。其实不仅朋友关系是这样，互相尊重是人际关系的普适原则，上下（君臣）、父子、夫妻、师生、中外等都是这样。

晏平仲善与人交，久而敬之。（公冶长篇第五）

晏平仲（晏婴）这个人善于与人交往，历久而与友人更加相互敬重（或虽久而无失敬）。

善于观察，才能正确表达

与君子在一起，或作为君子，有话应该说，但要考虑什么时候说，还要随时考虑你的话语的反应与效果。孔子是讲究说话的艺术的。由于中国尊卑长幼的讲究，说话也要多讲究一些，这是咱们的重要国情。就是说，要说话，要会挑时候说话，还要察言观色、时时因应调整地说话；不但有说话的责任，还要讲究说话的技巧与方式，要会说话。

看来，孔子主要是指怎样对上、对权力中人、对主公老板的进言，可能这才是孔子讲的言。

我想起了一位当今媒体要人提出的三条："敢说话，说新话，会说话。"

侍于君子有三愆：言未及之而言谓之躁，言及之而不言谓之隐，未见颜色而言谓之瞽。（季氏篇第十六）

侍奉君子或君子侍奉权力系统有三方面的过失要注意：不到该说话的时候你就说上了，这叫急躁；到了该说话的时候你不说，这叫藏掖；不考虑对方面容表情一味地说，这叫盲目瞎说。

遇事要有自己的判断

孔子不势利，不跟风，不盲从，不鼠目寸光，有自己的判断。为了秩序，他主张君君臣臣，主张事君要忠，指的是忠于职守；但他仍然保持着独立思考，并不是跟着权力与风向走。

子谓公冶长：“可妻也。虽在缧绁之中，非其罪也。”以其子妻之。（公冶长篇第五）

孔子说到公冶长：“可以把女儿嫁给他。他虽然坐过监狱，但这不是他的罪过造成的。”于是，他把自己的女儿嫁给他了。

非礼勿视、勿听、勿行、勿言

孔子主张诸事恭谨负责，主张非礼勿视、勿听、勿行、勿言，当然反对听谣、信谣、传谣。显然，他是针对“君子”而言的，君子就是候补或助理官员，他们要对权力系统负责。小人们呢？他们的消息来源在何处呢？古今中外，谁能禁绝道听途说呢？禁不绝也要反对与禁止，否则就更乱了套，这大概是孔子的用心吧。

道听而涂说，德之弃也。（阳货篇第十七）

行路中，旅途中，听到一些街谈巷议，再于旅途中传言给旁人，那是被有道德的人所不取的。

不要总是过度解读

有神论、无神论、别的论，生了重病，冥冥中表达对于早日康复的期盼，是正常人的正常心理，叫作人之常情。人之将终，悲欣交集，友好为之祈祷，他说我早就祈祷过了，犹如一个苦笑，孔子的反应极正常，不是微言大义，不是谆谆教导，也不是发布世界观说帖。如果因为圣人伟大，搞成一言一笑皆有深意，搞成口吐莲花，一句顶一万句，那叫什么事！

子疾病，子路请祷。子曰：“有诸？”子路对曰：“有之。《诔》曰：‘祷尔于上下神祇。’”子曰：“丘之祷久矣。”（述而篇第七）

孔子病重，子路要为他祈祷。孔子说：“有这个讲究吗？”子路说：“有哇，《诔文》上就说了：‘为了病人向各路神祇祷告。’”孔子说：“我自己已经祷告很久了。”

考察干部的标准

士可能是说武士，也可能是说能够读书做官的人才。用今天的话语来说，就是什么样的人可以去考公务员，或者是应该用什么样的标准去考察候任的干部。最高标准：一是自觉约束，与克己复礼之说一致；一是出使境外不辱君命，说明那个时候也很注意邦国或侯国间的外交，认为通过外事可以考验干部，即认识到外事环境中的变数远远大于内事，等于承认内事更多是老一套的东西。次一等是族人、乡亲们的反映，这有点出乎意外，但也很实在。本乡本土本族的群众反映太坏，不好任用提拔，这个思路通向如今任命前的民意测验。

行己有耻，使于四方，不辱君命，可谓士矣。（子路篇第十三）

自处能够有羞恶之心（约束自身，不做那些令人觉得耻辱的事情），出使到境外，不辜负君王的委托任命，就可以算个“士”了。

见什么人，说什么话

见什么人，该怎么样就怎么样说话，谁能不这样呢？问题在于把握恰当，对下级说话直截了当一点则可，威风凛凛地装模作样则令人讨厌。对上级，尊重有加则可，奉承谄媚，下作可耻。对君王，恭敬服从则可，屁滚尿流，则不免丑态百出。

朝，与下大夫言，侃侃如也；与上大夫言，訚訚如也。君在，踧踖如也，与与如也。（乡党篇第十）

（孔子）在朝廷上与下大夫（下级）说话，明白晓畅；与上大夫（上级）说话，循规蹈矩；国君在场，则诚惶诚恐。

了解、包容与欣赏他人的个性

孔子了解自己的弟子们的个性，并且包容与欣赏他们的个性，这很先进。他担心子路的后话，与老子的理论一致，老子的认识是“物壮则老，是谓不道”（《道德经》第三十章）。中华文化偏阴柔的倾斜，从早期便是这样。

闵子侍侧，訚訚如也；子路，行行如也；冉有、子贡，侃侃如也。子乐。“若由也，不得其死然。”（先进篇第十一）

闵子骞在孔子身旁，规规矩矩；子路在一边，牛气十足；冉有、子贡，轻松健谈。孔子乐了，说：“（你们都很可爱，）但是子路那个牛劲儿，恐怕后果不妙。”

不要放弃监督和批判

任何一种美德的被认可，都伴生着作伪作状的可能，有真美猴王就有六耳猕猴冒充的假美猴王，有正人君子就有道貌岸然的伪君子。

五四时期的新文化运动中，不无批评儒学“满口仁义道德，满肚子男盗女娼”的。其实，孔子当时已经对此有所警觉。

任何一种价值的认同，都同时会产生真伪难辨的麻烦。真小人与伪君子，哪个更糟？这一直困惑着我们。

我们却不能因为有价值作伪就不再维护与珍惜公认的价值标准，不能陷入道德虚无主义与赤裸裸的实利主义，也不能因为价值认同就放松对于价值作伪与价值霸权的揭露与批判。

即使一个人已经成功了，已经成为“论笃是与”的标兵了，已经成为道德旗帜了，我们也不能为了护旗而为笃者讳，仍然要监督这面旗帜、这个标兵的此后表现，要帮助他（她）再立新功，百尺竿头，更进一步。这方面的经验教训多了去了。

论笃是与，君子者乎？色庄者乎？（先进篇第十一）

人们愿意推崇诚笃忠实的人，问题在于，这些被认为是笃诚而被推崇的人，是真正的君子，还是假正经的伪装呢？

看清耍小聪明的人

我早有这样的见识，一个人在你面前动辄说旁人的不是，见了旁人肯定说你的坏话。坏话之多说明了此种人的阴暗鬼蜮。耍小聪明的人到处卖弄，浮光掠影，徒成笑柄。秀愚昧、无知、粗鄙而高声吆喝忠勇爱国的，露骨钻营吹吹拍拍令人恶心的，什么都插嘴什么都卖弄的，以凶恶野蛮来自树形象的，厚颜无耻地吹嘘表功自我兜售的，都令人作呕。

恶称人之恶者，恶居下流而讪上者，恶勇而无礼者，恶果敢而窒者。（阳货篇第十七）

君子厌恶总是说旁人坏话的人，厌恶自己在下位（一副下流相）却诽谤上位的人，厌恶打拼却不遵守礼法的人，厌恶自命果敢决断却头脑闭塞僵硬的人。

含而不露是美德

国人自古相信含而不露的美德。聪明而外露，最多是二等聪明，聪明而显出愚傻的外貌，才是进可攻、退可守的人生大智慧。老子也讲：“国之利器不可以示人。”维吾尔族谚语则说：“老实人的犄角长在肚子里。”

原因是，聪明外露，容易被注意，被嫉妒，被提防，被众口铄金。能干外露，容易让人怀疑他是巧言令色至少不像是安分守己的样子。而面貌愚痴才显得忠顺。从古到今，大家都相信苏轼的诗：“人皆养子望聪明，我被聪明误一生。惟愿孩儿愚且鲁，无灾无难到公卿。”这里有真切痛心的处世奇术，有我们国情国人的集体无意识，有金不换的做人经验，也有长久以来的、有时宝贵而有时误事的反智主义。

宁可看着傻而实质精明，不要看着精明而实质欠缺，这是国人绝非无因的共识。

吾与回言终日，不违如愚。退而省其私，亦足以发，回也不愚。（为政篇第二）

有时我与颜回交谈整天，他一点不同意见也不说，好像挺傻。再看看他独自的言论表现，完全是有所发展发挥且拿得上台面的，颜回这人可一点都不傻呀。

对他人要有“好脸儿”

强调内功，强调动机，强调心才是尺度，有点道德唯心论的味道。同时，孔子注重的是美好内心的外化，即心化为色，化为对他人的“好脸儿”，化为礼数。对人的态度问题，倒是不限于对父母，即使你做了好事助了人，如果面色难看，也很难使人快乐。这一点，对于有志于做人者极其重要，很平常也很关键。

孔子从各个角度谈孝，不是为了理论上的全面与学术上的严密，而首先是对经验层面上的得失成败的探讨。从这个意义上说，孔子谈得很好，很实在。

色难。有事，弟子服其劳；有酒食，先生馔，曾是以为孝乎？（为政篇第二）

如果（尽孝者）脸色不好看，有事的时候晚辈帮忙出力，有好的餐饮先给长辈吃，难道这就算是孝了吗？

重视自己的容貌、气色、谈吐

内容规定形式，但形式也影响内容；心术规定容貌，但容貌也影响环境对你的反应、反响，反响当然也影响到你的心术、心境。再说，一些坏毛病，在造成丑恶的外表的同时也必然泄露了自己的愚蠢、蛮横、自负、卑劣。

孔子这一派很重视容貌、气色、谈吐，尤其是重视容、气、谈中的敬的表现。示敬，是礼的核心，也是礼仪的一个重要部分。

君子所贵乎道者三：动容貌，斯远暴慢矣；正颜色，斯近信矣；出辞气，斯远鄙倍矣。笾豆之事，则有司存。（泰伯篇第八）

君子重视的礼仪之道有三个方面：一个是重视自己的仪容面貌，不要有粗暴怠慢的表现；一个是注重自己的表情气色，才能显出自己的诚恳可信；一个是注重自己的言谈语气，免得有什么粗鄙失当。至于礼仪的细节，自有主管的人料理（不必过问太细）。

在外要时刻恭敬谨慎

乡亲旧友中，你的身份可能只是一个晚辈，一个农家子弟，某个宗族的一个小小成员，乡亲旧友一般用当年对你的认识来打量你、比较你。你窝囊了，会联想起你幼时或你的父母家人的平凡寒碜；你牛了，他们无法接受你的崭新面貌，不会心甘情愿对你刮目相待。这种情况下，夹起尾巴是合适的选择。而在比较正式的场合，你的身份明确、地位确定，自己也容易定位，你说话也比较有底气，但更须谨慎，不可妄论正事，避免祸从口出。

孔子于乡党，恂恂如也，似不能言者。其在宗庙朝廷，便便言，唯谨尔。（乡党篇第十）

孔子在乡亲们中间，恭恭敬敬，好像不怎么会说话。在宗庙中和朝廷上，言语流畅，但出语仍然谨慎。

说话行事要忠信笃敬

广义地说，言是行的一个组成部分，越是高官、高管、高知，他们的行越是表现在言上。作指示、下命令、发号召，同意这个，严禁那个，推选这个，纠正那个，分析这个，驳回那个，不都是通过言来行吗?

行的内涵也极广泛，实行、执行、行动、行为、奏效、接受、通行、行时、政绩等，都是行。“大道之行也，天下为公”（《礼记·礼运》），这里的“行”，指的是大道的胜利，是达标，是成功，甚至是完成。

言忠信，行笃敬，虽蛮貊之邦，行矣。（卫灵公篇第十五）

说话要忠实可信，行事要诚恳恭谨，就是到了边远野蛮的地方，你也行得通、办得成。

不要说太多废话

有时为了礼貌，你没有碰到乐事也得显出微笑。有时为了寒暄，你只得没话找话，以至作家刘震云称每个人每天的废话多达百分之九十。拿取东西，发下来的或购买来的，当然都可以取用。何必说得那样绝对！

子问公叔文子于公明贾曰：“信乎？夫子不言、不笑、不取乎？”公明贾对曰：“以告者过也。夫子时然后言，人不厌其言；乐然后笑，人不厌其笑；义然后取，人不厌其取。”子曰：“其然？岂其然乎？”（宪问篇第十四）

孔子就公叔文子的情况向公明贾问道：“听说那位老人家不说话、不笑，也从来不取用什么东西吗？”公明贾回答：“说得太过了吧。公叔文子老人家的特点是：时机到了再说话，所以人们不会讨厌他的话；真正快乐了才会笑起来，所以没有人讨厌他的笑；合乎原则和道理了，才取用物件，所以没有人嫌厌他的取与用。”孔子听了说：“是这样的吗？当真是这样的吗？”

不以言举人，不以人废言

这是客观与理性的态度，也是有容乃大的胸怀，更是一种有远虑的责任心和具体分析的严格的实事求是精神。

君子不以言举人，不以人废言。（卫灵公篇第十五）

君子不会因为一句话（顺耳或精彩）就推荐提拔谁，也不因为对某个人有看法就否认他的所有说得好、料得准的话。

不要一味在乎别人的看法

想起了李隆基的五律《经邹鲁祭孔子而叹之》："夫子何为者，栖栖一代中。"

世界就是这样，如果你清高冷淡，有人会说你装模作样，毫无担当；如果你辛辛苦苦，意在有所作为，而且已经小有影响，有人会说你过于聪明、狡猾奸佞。如果你还进入了权力系统了呢？那一定是心黑手辣，双手沾满鲜血。人们往往是以己之心度人之腹，没有办法的。

鲁迅说过："无论是谁，只要站在'辩诬'的地位的，无论辩白与否，都已经是屈辱。"如果你有吕洞宾的自信，何必在乎狗咬不咬呢？

微生亩谓孔子曰："丘何为是栖栖者与？无乃为佞乎？"孔子曰："非敢为佞也，疾固也。"（宪问篇第十四）

微生亩对孔子说："孔丘为什么老是那样忙忙碌碌的呢？是想当个佞臣吗？"孔子说："我哪里敢去充当佞臣，我是看到了社会的太多弊病，不能不进言求治呀。"

不做姿态，不说大话

做一点好事，忙不迭地做姿态、说大话，叫作说得比唱得好，唱得又比做得好，谁好意思那样动不动摆造型、抢出镜、留警句呢？

曾子曰：“堂堂乎张也，难与并为仁矣。”（子张篇第十九）

曾子说：“子张这个人做什么事都冠冕堂皇，你很难与他共做仁德之事。”

做人不要巧言令色

正当的话有时会显得一般，而谬论却能尽言语之能事，变成奇葩。巧言如潮的时代往往是乱世，是民不聊生之世。而治世、有道之邦，各安其业，各行其道，没有给巧言令色留下太多的空间。正像一个人不应随便被巧言打动一样，一个君子也不应该为一点小破事随便发火与大闹。

巧言乱德。（卫灵公篇第十五）

话说得太巧妙了，会干扰你做人的原则。

花言巧语终会露馅

问题是，评价一个人的说话做事易，评价一个人的仁德心术难。古往今来，常常是会干的不如会说的，会说的不如会不停地表态效忠的，会表态的不如会拍马溜须的。但最后呢，时间一长，仅仅靠言语取宠，靠拍马求上进的坏人，必定露馅完蛋。

御人以口给，屡憎于人。（公冶长篇第五）

花言巧语地与人辩驳，这样的人反而招人讨厌。

心胸狭窄者才会无端质疑

心胸广大的人为狭窄者所不容，层次高超的人为层次一般的人所质疑，叫人说什么好呢！

互乡难与言，童子见，门人惑。子曰：“与其进也，不与其退也，唯何甚？人洁己以进，与其洁也，不保其往也。”（述而篇第七）

互乡人有些“各”（读上声，意为“特别（含贬义）”），与他们难以交流沟通说话。孔子会见了他们那里的一个学生，弟子们不解。孔子说：“我是欢迎他们来求教的，不等于我能确保他们走了以后如何如何。人家恭恭敬敬、洁身而至，求教我们，我首肯他的洁身恭敬，不是保证他此后会怎么样发展。”

好听的话不一定可信

也许是随着不舍昼夜的逝者如斯夫，人们巧言令色的毛病日益发展，好听的话越普及，可信度越下降，言语能力与诚信预期成了反比。可叹也夫！

子畏于匡，颜渊后。子曰：“吾以女为死矣。”曰：“子在，回何敢死？”（先进篇第十一）

孔子在匡地被囚禁，颜渊晚一步才来看望孔子。孔子说：“我还以为你死掉了呢。”颜渊说：“老师您还在，我哪儿敢死呢？”

油嘴滑舌或脸蛋漂亮不是真正的依凭

竞争与战祸当中，有德行与学问未必能保全自己，还不如油嘴滑舌或脸蛋漂亮管用。

或者可理解为，越是相貌美好者（或才华过人者），越是需要会当佞人。相貌美好、才华超众，权力者希望拥有，被权力者看中，而你居然不佞，不是找倒霉吗?

红颜薄命，这句话的概括力可不限于美少女。孔子的许多话中正和平，反求诸已，很少愤世嫉俗，但此话例外，有批判性与杀伤力。

不有祝鮀之佞，而有宋朝之美，难乎免于今之世矣！（雍也篇第六）

如果一个人没有祝鮀那样的花言巧语，却有宋朝那样的美貌，生活在今天的世道中，很难免于灾祸喽。

第十一章

『学』的进阶与境界

学会做人是第一位的事情

人一辈子努力地在做人，在做人方面没有价钱可讲，没有牢骚可发，没有客观可拉扯念叨。“士先器识而后文艺”，就是说一个读书人，一个候补官僚公务员，应该先搞好自己的气度与见识，搞好自己的品质与人生观、价值观，把握好自己做人的基本原则，培养好自己的基本人格，再去学习学问与技能，再去弄什么礼、乐、射、御、书、数。这样的观点一直延续到今天。例如，不论做事、做文、做官，先要学会做人，这似乎是不易之论。例如，至今我们的组织人事部门，选拔干部坚持的仍然是德才兼备、以德为先。比较起来，欧美国家，求职或录用时，更注意的是有无违法记录，有无关于身份与教育程度等的可靠文书证件，然后就是看业务与工作的经历记录，看本职业务的水准了。

行有余力，则以学文。（学而篇第一）

里里外外，都做得差不多了，仍有余力，可以再去学习读书，学点文化、文献、文章、文学、文事、文艺了。

立诚是学习者的内在需求

学习立其诚，是学习者的内在需求，是入耳入心入灵魂；而不能认可的是左耳朵进、右耳朵出，表面应付求分数、求升学、求装饰自己的门面，实际无益于自己的人格、自己的品质的伪学习。

不是自己真的要学习、有兴趣于学习、出自本性地拥抱自己要学的东西，而是不得不硬着头皮、捏着鼻子的所谓学习，作秀作骚的学习，应付老板、长上的学习，如贾宝玉在板子威胁下的“学习”，只能降低学习的声誉，是不会收到好效果的。

古之学者为己，今之学者为人。（宪问篇第十四）

古代人们的学习是为了自己；今天的学习，则是为了迎合需要，迎合他人。

追求学习型的人生

人的学习修养是贯穿终生的，活到老，学到老，绝非诳语。

这一切是从“学”字上开始，对于孔子来说，人生被一条学习红线所贯穿、所引领、所充实。人生的意义开始于学，贯穿于学，成就于学。孔子追求的人生是学习型人生，孔子所希望的政权是教化型政权，孔子所赞美的贤良是善学型贤良。

吾十有五而志于学，三十而立，四十而不惑，五十而知天命，六十而耳顺，七十而从心所欲，不逾矩。（为政篇第二）

我十五岁开始培育了好好学习长进的志向；三十岁开始树立了自己的人格，有了选择与判断的基本能力；四十岁就不那么彷徨困惑，不那么容易被外界左右了；到五十岁也就懂得了万物消长的天命与天命（自然与世界的规律）之不可违；六十岁后比较能听得进、听得懂别人的话，懂得从他人那里汲取智慧经验了；七十岁呢，想怎么做就怎么做，但怎么做也不会违反规范礼仪了。

活到老，学到老

当然有这样的人，一辈子活到老，学到老，精进不止。对于这样的人来说，时间就是积累，积累就是奇迹。

世上有两种人：一种人，几十年原地绕圈、依然故我、瘸驴瞎磨，却又永远吹嘘，永远牢骚满腹，永远怀才不遇；一种人，天天有进展，天天有精进，天天有新意。确实如此，俺愿意为《论语》做证。

惜乎！吾见其进也，未见其止也。（子罕篇第九）

（颜回的死）太可惜了！我看到过他不断前进，没见过他停息止步。

打好专业基础是根本

对父母孝敬、对君王忠诚当然好，对朋友诚实可信也是不易之论，加上能迅速地识别与珍惜贤良，这对于君子日后辅佐君王，应该是很重要的品质。

这就是全部的教育内容，就算达到学习的目标了吗？以今天的说法来比较，我们在智育、体育方面还有不少的期待。你得学到一技之长，你得有基本的文化素养，你得具备自食其力的本领。

很简单的一个道理，人人都希望上下左右四面八方充满高尚道德，但孝敬的落实需要赡养，忠诚的考验离不开绩效事功，朋友的诚信也不能没有互相提携帮助，并能对自己的友人施以援手。君王可以号称以孝廉取士，臣子可以一味表忠心，乃至靠热烈的表态取宠升迁。但归根结底，权力系统中人与其他工、农、兵、学、商一样，一个人总还得出点儿活，就是说要能完成自己的专业任务。

与孔子那时相比，现在的“学”比过去不知复杂沉重了多少。正因为知识信息的膨胀爆炸，也许我们更要复习一下识贤良、事君事亲、交友诚信这些基础的简明的东西。在无边无涯的知识信息海洋之中丧失了方向与重量，也许正是当今悲剧的一种。

贤贤易色，事父母能竭其力，事君能致其身，与朋友交言而有信。虽曰未学，吾必谓之学矣。（学而篇第一）

看人，能够注重珍爱善待贤良，而不是以貌取人，不是好色（按：“易色”也可以解释为见到贤良即为之动容，第一个“贤”字是谓语，第二个“贤”字是宾语，“贤贤易色”即以对待贤人的尊敬态度来尊敬珍爱贤人，从而为贤良动容）；侍奉父母，尽心尽力；侍奉君王，能够具有献身精神；与朋友交往，说到做到，诚信第一。这样的人，即使没有正式就过学，我也可以认定他是受过教育的人。

学习要永远严要求、高标准

学习是“不亦说（悦）乎”的。学习又是有压力、有紧迫感的。一年级的基础，你要努力学习二、三、四年级的学问，没有一点压力与奋斗，你能有什么长进?

在学习上，永远不要姑息自己、放任自己，要有严要求、高标准。

学如不及，犹恐失之。（泰伯篇第八）

学习的时候老觉得自己跟不上，弄不好就啥也没有学到。

学习从读书识字开始

上学，只能先读书，读书是就学的开始，也是最切近的教授。然后带上弟子出游，推销儒学，寻找机会，锻炼了孔门弟子。学识、经验上去了，得锻造品格、陶冶心性了，要讲忠信为本了。

教学，古今中外都是从读书识字开始，但孔子从一发蒙，就注意对忠信品德的培育。

子以四教：文、行、忠、信。（述而篇第七）

孔子的教学有四方面的内容：文章典籍、社会实践、忠实恭谨、诚信可靠。

学而不厌，诲人不倦

孔子的理想是造就一个爱学习、重教育的全民学习型、学校型社会。把中国变成一座大学校，这种理念古已有之，至今不衰。而且，这里最重要之点在于，把教化看作治国理政的重要内容，把通过教化聚拢与驾驭民心看作权力运作的一个目标、一个重要的手段。

“学而不厌，诲人不倦”，已成名言。“默而识之”，则没有传开。其实这十二个字是整体，“默而识之”说明的是自己时刻都在学习，无条件地、便宜行事地学习；“不厌”是坚持与不间断地学习，“不倦”是帮助他人学习及与他人交流。“何有于我哉”，《论语》中多次出现这类句子，用现在的俚语来说，就是做到了这些，也就齐活了您哪。

默而识之，学而不厌，诲人不倦，何有于我哉？（述而篇第七）

默读默诵地记下来、明白过来，不烦不厌（津津有味）地学习知识，从不疲倦（循循善诱）地教导学生，（做到了这，）还有什么可说的呢？

好学的三个方面

第一，好学的内涵在于学好。我幼年时，父母师长强调的不是好学，而是学好，学什么，首先是学当好人，走好路，立好心，做好事。好学的要义在于学好。第二，好学是指善于学，学得好。否则，那么多弟子，怎么能说是没有喜好学习的人呢？第三是闻，在这里当感知、认知、得知、发现讲。“不迁怒，不贰过”，说的是一种自我控制的功夫。不迁怒，说明管得住自己的脾气；不贰过，说明记得住自己的经验教训与所受到的教诲。这都与喜好不喜好学习关系不那么直接。只能解释为，孔子之学主要是人格塑造、人格修为，是学好，就合理了。

哀公问：“弟子孰为好学？”孔子对曰：“有颜回者好学，不迁怒，不贰过。不幸短命死矣。今也则亡，未闻好学者也。”（雍也篇第六）

鲁哀公问孔子：“你的弟子当中，谁称得上学得好的呢？”孔子说：“那个颜回是学得好的人喽。他不会迁怒于人，也不会重复犯一种错误，不幸的是他已经死去了。他死后，还没有发现那样学得好的人啦。”

好学比诚信更难做到

好学比诚信还难以做到，因为不会学习、不会消化、不能把学问化为人格的人，算不上好学。我们有许多学术八卦型、冬烘型、空谈型、掉书袋型、荨麻疹型（有点疙里疙瘩的知识因不能消化而成为肿块）、苦肉计型（悲情型）、吹牛型、大言欺世型的学者，但他们算不上好学呀。

诚信可以是一种质朴的人性，好学则要把天良提升到文化的层次，把一个人的正派老实扩展为一种价值、一种风气、一种社会秩序与礼制。所以，好学是重要的。这与老庄的想法不同，老庄更珍视的是天性、天良，反而怀疑与警惕一种美德进入文化层面以后变质的可能。

十室之邑，必有忠信如丘者焉，不如丘之好学也。（公冶长篇第五）

在一个哪怕只有十户人家的居住区，也肯定有孔丘这样忠实诚信的人，但他们未必能像孔丘一样地爱学习、会学习，能不停地长进。

好学是出息的首要前提

劝学，是中华文化的一个一贯性主题，而且孔夫子要的是素质教育，不是分数、文凭教育。好学是一种品质，不仅仅是好奇心与好习惯。好学的品质中包含了谦恭、尚义、敬畏、上进、勤勉、忠顺，好学是出息的首要前提，反之不行。

君子食无求饱，居无求安，敏于事而慎于言，就有道而正焉，可谓好学也已。（学而篇第一）

一个真正的（有地位、有素质的）君子，吃饭不追求满足口腹，住房不追求安适舒泰，做起事来麻利、有效率，说起话来小心负责，遇事往大道理上靠拢，用大道理、大原则（或请教有道者）来匡正自己。这样的人可以算作好学之士喽。

爱学习的人无法被摧毁

人应该学会给自己找事干，人应该有足够的想象力来缔造意义与乐趣。

但有些人要接受一种被晒起来、被打入冷宫、被靠了边的考验。人要学会最好地度过人家不跟你玩了的境遇。遇到这种考验到来了，最好的办法毕竟不是下棋赌博，而是读书学习。一个爱学习的人天生已经具备了抗晒、抗冻、抗冷落的强大功能，谁也摧毁不了他。

饱食终日，无所用心，难矣哉！不有博弈者乎？为之，犹贤乎已。（阳货篇第十七）

天天吃得很足，却没有什么事需要思考用心，这样的日子好难过呀。不是有下棋抓彩的游戏吗？就是玩玩那个也比闲待着无事可做好呀。

“好学”，也要“学好”

与“好学”相比，我的童年时代即二十世纪三四十年代，人们经常强调的是“学好”，即学着当一个好人；而对儿童最严厉的警告与训斥是：“你怎么不学好！”

季康子问：“弟子孰为好学？”孔子对曰：“有颜回者好学，不幸短命死矣！今也则亡。”（先进篇第十一）

季康子问：“老师的弟子当中谁算得上好学——学得好？”孔子答道：“过去有颜回好学，不幸短命去世了，如今已经没有颜回这样称得上好学的人了。”

学习的关键在于个人

没有学到真正的道理，是谁的问题呢？没碰到好老师？成才的环境太恶劣？归根结底，成不成才，可敬畏还是不必敬畏，关键在于个人。同样的恶劣环境、遇师不淑、遇人不淑，可能贻误庸才，也可能造就奇才、大才。

后生可畏，焉知来者之不如今也？（子罕篇第九）

后生小子，前景惊人，谁敢说后生们成长起来赶不上今天的精英人士？

学习要统筹兼顾

中华文化自古以来尊大蔑小，崇高抑低，喜欢讲境界、心胸、升华、更上一层楼，诸如“论万世”之说，而不在意于一时一地一事。好处是辽阔恢宏，气象万千；坏处是缺少脚踏实地的螺丝钉精神，不精细，不认真。

虽小道，必有可观者焉；致远恐泥，是以君子不为也。（子张篇第十九）

哪怕是雕虫小技，也必然有可取之处；往更长远里想，搞长了会拘束黏滞住自己，所以君子不让自己陷入雕虫小技。

既要学，也要思

宗教往往提倡思而不学，如面壁、静坐、闭关、顿悟、参拜等。这种治学的方法除了神性也还颇有艺术性，用内心的波澜与焦灼去煎熬烧烤、去寻找探求真理，弄好了成为宗教家、艺术家，如佛陀之静坐于菩提树下，如高更中年突然转向绘画，也如李贺背着诗囊呕心沥血。他们当中会出现少数的奇才，多数是一事无成的疯傻、茫然、偏执、混乱、一锅糨糊。

学而不思的人更加常见，有的是见树木不见森林，有的是“鲁叟谈五经，白发死章句。问以经济策，茫如坠烟雾”（李白《嘲鲁儒》），有的是食古不化、食洋不化、冬烘书橱。

而如今的网络培养出来的某些人则是学而不思的聪明的万事通加白痴，以浏览取代阅读，以浅层信息条目代替真知，以趣味取代追求与攀登，以人云亦云取代自己的判断与担当。

可以设想孔子的呼唤：“人们，我是爱你们的，你们要警惕求知中的迷惘与危殆啊。”

学而不思则罔，思而不学则殆。（为政篇第二）

学了很多，听了或读了很多，不思考、不消化，就更加迷惘了。思考琢磨得很多，却没有好好学习（得不到足够的新知识、新信息），就有走火入魔的危险。

博学而笃志，切问而近思

博学多闻、博闻强记的人，在有诸多长处的同时容易看透一切，解构端端，轻慢刻薄，失去诚恳；对于这样的人要强调笃志，就是要有自己的追求、自己的坚信、自己的正直、自己的道德激情。谦虚就教、热忱求学的人在有诸多优点的同时容易道听途说，东鳞西爪，随风摇摆，开杂货铺；对于这样的人要特别强调时时思考，事事思考，有所辨析，有所选择摒弃。

博学而笃志，切问而近思，仁在其中矣。（子张篇第十九）

广博地、多方面地求学，诚恳坚定地守护着自己的精神追求，认真切实地请教师长，及时思考遇到的问题，这样做就会体味到一些仁人的风范了（具备一点仁德的元素了）。

见贤思齐，见不贤自省

孔子的一大特点，是时时事事寻找学习的机会、学习的途径、学习的榜样、学习的警戒即反面教员。学到孔子的这一点，终身受用无穷。

何况我们还有这样的经验，有的人不是见贤思齐，而是见贤思嫉，见贤而兴杀机。尤其是一些半吊子、一瓶子不满半瓶子晃荡的狭隘者，一辈子不是致力于学习、提高、发展，而是致力于挫败贤人、压倒贤人，认为这才是自我发展的法门。

至于见不贤而内自省，更难，更是少数大贤才能做到的清醒、自律、诚恳与明哲。我们可以先自省一下，这一生认真地内自省有几次。相信就是有这样的人，一辈子没有认真自省过一回。爱莫能助了。

见贤思齐焉，见不贤而内自省也。（里仁篇第四）

见到有德有能的贤人，要想着向他学习；见到不贤不德的人，（应该拿他当镜子照，）要反躬自省，想想自己的欠缺。

学习要有大格局

学而优游，做做官，这话说得潇洒大气。只有小气的、小格局的、小智商的人才视做官为悠悠大事，唯此为大，或者以为为学与为官（做事）势不两立。学而优，说明学得不错嘛！这里的“优”首先是余裕，却也离不开优良。

当然，我更倾向于认为，人们往往不是仕而优则学。仕而优则学是一种理想，更多的官员会被权力迷住顾不上学，变成仕而后不学、仕而后什么都有人代笔。

更多更自然的情况恰恰相反，那是挫而后学、败而后学。逆境中人最清醒、最有空闲，虚室生白，吉祥止止，心里空无一物了，更加光明坦荡，才有最美好的学习与长进。

仕而优则学，学而优则仕。（子张篇第十九）

做官而有余裕，可以去治学；学习而有余裕，可以去做官。

学习要不断精进

有很多学子，有很多可取处。有的来势很不错，能记，能背诵，能复述，就是不见消化和长进。有的学会旁征博引、五行八卦、夸夸其谈了，仍然没有消化，没有由此及彼的感悟与发挥。有的已经从博闻强记发展到著书立说了，一套一套的了，仍然没有自己的系统与逻辑，没有自己的判断、取舍、选择，更没有创造与新意。找一个好学生，谈何容易！而只出苗不长叶、只长叶不结籽、结了籽实仍属劣等的，何其多也。

苗而不秀，秀而不实，当然这不仅可用来评论学子，也可以用来评论教授、学者、作家、导演、艺术家，还有官员。想想吧，你会想起很多人。

苗而不秀者有矣夫！秀而不实者有矣夫！（子罕篇第九）

谷子长出了苗，却没有长叶开花，这样的事情是有的。长了叶子也开了花，却结不成果实，这样的事也是有的。

正面的品德也要经过学习培养

仁、知、信、直、勇、刚，都是正面的品德；但如果没有经过学习培育，单凭一种朴素的天性，仍然会有所偏颇。这是一个很有见地的说法。至今仍有这样的人，自命直爽，其实是哗众取宠；自命易使好用，其实是浅薄迎合；自命血性男儿，其实是吹牛作秀；自命万事通，其实是万事稀松；自命踏实，其实是出卖拙笨；自命意见领袖，其实是大言欺世；自命独立人格，其实是沽名钓誉；自命特立独行、前卫超前，其实是干货无几，装模作样……

好仁不好学，其蔽也愚；好知不好学，其蔽也荡；好信不好学，其蔽也贼；好直不好学，其蔽也绞；好勇不好学，其蔽也乱；好刚不好学，其蔽也狂。（阳货篇第十七）

喜好仁爱，但是不喜好学习，这个人会比较愚傻；喜好智慧，但是不喜好学习，这个人会比较任性随意；喜好诚实，但是不爱学习，这个人可能比较容易走上不端邪道；喜好直截了当而不喜好学习，他容易变成杠头；喜好勇敢但不喜好学习，他容易莽撞生乱；喜好刚强而不喜好学习，他容易变得猖獗狂妄。

听讲话也是学问

教学要给学生讲很多话，一类话是校正型的，其作用在于请学生们听了以后有所改进；一类话是表彰夸奖型的，其作用在于让学生们增加信心，再进一步。所有的教诲，只有通过学生自身的努力领悟践行，才有意义。

听讲话的学问，很少有人提及。有人听讲只是为了照办具体事务。有人只是因为老师或老板训诫，不能不听。有人听点八卦，可充谈资段子。有的借听讲话，捕风捉影，想入非非，获取资讯。有几个人听了批评，不是想辩白而是对照校正自身？有几个人听了表扬，不是一心以为鸿鹄将至而是能够演绎发挥，更进一步？

尤其好学者，读书是好学，听别人说话，尤其是听有道行的人说话，有时是更重要的学习，咱们会学了吗？

法语之言，能无从乎？改之为贵。巽与之言，能无说乎？绎之为贵。（子罕篇第九）

正式的，意在教导你、规范你的言语，能不好好地听从吗？听了以后对照与校正自己，这才宝贵。符合心思的话语，听着能不高兴吗？分析分析、发挥发挥才宝贵。

乐之者，不如知之者

一个享受生活，因生活而快乐的人，他（她）已经很值得羡慕了。

但是，作为一种文化精英，乐之者就不如知之者了。世界上的物理、化学、生物、生命、材料信息规律的知之，远远要比好之乐之重要得多、高级得多。平常人食欲很好就够有福气的了，学者就是应该对于食物、对于营养、对于消化系统的生理与病理知道得更多。人类的历史，恰恰不是一个满足于好之乐之的历史，而是一个从不知、少知到知识越来越多的历史。

我们可以设想：对于苏格拉底、老子来说，乐之不如疑之、辩之、论之、提升之。对于牛顿、爱因斯坦来说，乐之不如知之、疑之、思之、求之、证之。对于耶稣来说，乐之不如爱之、承担之、献身之、拯救之、宽恕之。对于佛陀来说，乐之不如悲之、度之、舍之、遁之。对于穆斯林来说，乐之不如纯洁之、清真之、规范之、守护之。对于一切宗教来说，乐之不如信仰之。对于马克思、毛泽东、格瓦拉来说，乐之不如怒之、恨之、颠覆之、再造之。对于许多作家、艺术家来说，乐之不如哭之、笑之、仿之、戏之、疯狂之。乐感文化毕竟不是那么足够的啊。

而荷兰哲学家斯宾诺莎的名言是：“对这个世界，不哭，不笑，而要理解。”意为哭之者、乐之者，不如知之者。

知之者不如好之者，好之者不如乐之者。（雍也篇第六）

知晓一个东西、一个观念的人，不如喜爱它们的人；而喜爱它们的人，不如享受它们的人。

学习也要趋贤避恶

见到好的赶紧学习，却不一定学得进、学得成、学得好，这很自然。见到不良乃至邪恶的人和事，赶快退避三舍，惹不起躲得起，这很自然也很常见。孔子时代如此，如今二十一世纪了也还会如此，一个有正常的头脑和判断力的人是会这样做的。

见善如不及，见不善如探汤。（季氏篇第十六）

见到好人、好事、好思想、好业绩、好言语、好文章，只怕自己学不到、跟不上。见到不良的人、事、做法和邪恶的语言，就跟把手伸到了热水里一样，应该因疼痛受伤而迅速躲避。

把握学习的机会和条件

事物都有两面或多个侧面，读书好学是重要的，从实践中学习也是重要的。年轻、有学习条件却放弃学习的人是可惜的，故而说过早地从政是害了孩子。

子路使子羔为费宰。子曰：“贼夫人之子。”（先进篇第十一）

子路让子羔去费地当地方官。孔子评论说：“这可是害了人家的孩子了。”

学习，然后才有新的创造与革新

所谓学习，严格地说，都是在学已有的、已经很古的或正在变古的知识学问；而学到手了，消化了，化为自己的血肉了，也就能够在新生活中进行新的创造与革新了。

我非生而知之者，好古，敏以求之者也。（述而篇第七）

我并不是生来就有知识、有见解的人，而是喜爱古礼古道，勤于、灵敏于学习长进的人。

学习重在消化与巩固

要注意学习，还要注意咀嚼、消化与巩固。确有这样的人，无所不学，无所不知，无所不能，夸夸其谈，而转眼忘个干净，一无所有。

日知其所亡，月无忘其所能，可谓好学也已矣。（子张篇第十九）

每天学一点新知识，每月复习一下，免得忘掉已经学到的能力，这就算是好学之人啦。

学习贵在转化与运用

有趣的是古代认为诗的意义是理政与发言，从诗里找根据：什么什么做对了百姓称颂，什么什么做错了百姓怨诽，还有出使在外，要用诗歌应答酬酢。其逻辑其实是，《诗经》中的诗，是民歌，是典礼用语、歌词，都经过长期积淀，形成了文本记载与心理定式，反映的是历史、民心、生活、礼法；学诗的目的不应该仅仅是诗，而是诗中的记载、范例、教训、礼制、说法。出使的人要懂诗，当然还为了谈吐的优雅与邦国的形象。

子曰：“诵《诗》三百，授之以政，不达；使于四方，不能专对；虽多，亦奚以为？”（子路篇第十三）

孔子说：“一个人能够诵读《诗经》上的三百首诗，给他分配点政治事务，他干不了；派他出使四方，他也不会应对交际；虽然他知道的或背诵的诗很多，又有什么用呢？”

好友到来也是一种有益的温习复习

好友到来也是一种于学问与人生有益的温习复习。温习友情，温习共同关心的话题，温习各自的见解、共识、歧见与互补，温习过往风华正茂的日子，温习共享学识的精进心得，其情趣与读一本当年曾经陶醉其中的好书不无共同之处。时习之，朋友来，都体会到某种相知的快乐、知音的亲昵、可持续的美好。

学而时习之，不亦说乎？有朋自远方来，不亦乐乎？（学而篇第一）

学了什么，而后常常温习与实践之，这不是很令人喜悦的吗？有朋友从远方来会面，这不是很快乐的吗？

温故在于知新

在美国歌星芭芭拉·史翠珊的一次演唱会上，她致辞说，你想知道你会上哪里去，首先你需要知道你是从哪里来。真是异曲同工，华人、美国人，古人、今人，心理攸同。

重视经验，面对历史正如面对现实，用我的小说家言，叫作敢于战栗，也敢于不战栗。原因是温故会使一些人无地自容、触目惊心，温故会丢脸面、丢光环，会给对手提供机会口实，一时对自己不利。温故知新，说着简易，做起来要学问也要胆识，更要一种坦荡、负责、求实的品德。岂可掉以轻心！

温故知新还有一个重大的意义，一般学问家都注意掌握材料，钻入故纸堆，就是说都有温故的功夫；但温故本身不是目的，钻入故纸堆的目的不是仅仅为了了解故纸，而是为了知新，为了掌握规律性与预见性。这也就是说，不但要读书，而且要明理；不但要有知识，而且要有智慧、有头脑、有思想、有判断。有知识、有学问的人在我国还是不少的，有智慧、有头脑、有思想、有判断的进取型或创造型大家，未免是太少太少了。

温故而知新，可以为师矣。（为政篇第二）

能够重温旧事旧闻，从而判断新发生的或可能发生的事情，这样的人就可以为人师表啦。

后天的学习胜过先天的差异

强调性相近，是为自己的仁的教育觅出人性依据，突出自己树立的价值标准是人人可以接受、也应该接受的。强调习相远也，说的是后天的教育培养更加重要。

性相近通往平等观念，习相远通往层次、秩序、君子与小人之辨、治人与治于人之辨。同时，埋伏了通过“习”的改变，通过教育培育，小人也可能进入君子行列的说法与做法，后世乃有科举制度兴焉。

性相近也，习相远也。（阳货篇第十七）

人的天性其实所差无几，人的后天养成的习惯，可就相互拉开了距离喽。

后天努力与苦学恭行很必要

孔子屡屡强调，他是普通人，不是天才（生而知之者），也不是圣人。正因如此，才彰显了后天努力与苦学恭行的必要。把孔子高高悬空供养，正说明了俗人自己的不肯努力，没有出息。

文，莫吾犹人也。躬行君子，则吾未之有得。（述而篇第七）

读书学文，我也就是一般般。如何认真践行，我也没有什么值得称道的成绩。

学习的道路不可复制

每个人的成才之路各不相同，有的主要靠苦干取胜，有的主要靠胸怀与智慧成全自己的大格局、大事业，有的重点在含辛茹苦、安分守己，有的特色在雄才大略、呼风唤雨，有的潇洒风流、超拔高耸，有的厚德载物、如牛负重……“学我者生，似我者死”，齐白石谈的画画的道理与做人是相通的。不践迹，就是不要死学他人、模仿他人；不入于室，就是不要死钻、硬钻、照搬一个人的富有个人特点而别人难于学到手的本事。不践迹是要有自己的路线图；不入于室，是要有自己的目标与特色。

子张问善人之道。子曰：“不践迹，亦不入于室。”（先进篇第十一）

子张问孔子怎样做一个善人或善于待人。孔子说：“不用踩着他人的脚印走，也不一定非得进入他人的堂奥。”

学习不能死磕死守

孔子好古，但不是本本主义者，不是泥古者，不是书呆子。他告诉我们，古史与经典书籍中有阙文，不能死磕死守。

认真阅读了这一段，你有什么感慨，就顺藤摸瓜吧，行了。

吾犹及史之阙文也。（卫灵公篇第十五）

我读史，除了臧否人物外，也还看出了一些缺失与可疑的文字。

学习不能钻牛角尖，自我折磨

我们都有这样的经验，与其自己与自己较劲，胡思乱想，神经兮兮，不如先意识到自己的无知无识，向已有的知识和老师学习。走个人冥思苦想的道路，收获可能是零，后果可能是精神分裂。走见贤思齐、谦虚好学的道路，至少能增加信息、进益知识、补充精神食粮，至少是用学习填补可能有的空虚与困惑、开拓精神空间、增加参照系统，而不是钻牛角尖，自我折磨。

吾尝终日不食，终夜不寝，以思，无益，不如学也。（卫灵公篇第十五）

我曾经整天不吃饭，整夜不睡觉，思来想去，没有任何收获，（唉，与其冥思苦想，）不如去向贤者向书本学习。

学习要八面来风，也要懂得取舍

有的学问是实用性的，有的是规范性的，有的是参考性的，有的是纯思辨、纯研究、纯认知性的，有的干脆是智力游戏性的，有的则是宗教性、形而上、“六合”之外的话题，虽不实用，但事关宇宙观、人生观、安身立命、终极眷注。不能要求它们都“能行”，更不必拒绝，不要怕闻得太多，只要自己拎得清，见闻信息思考，多多益善。

抵御有害或无用信息，这个带有后现代色彩的话题，早在我们的先秦时代就产生了。老子也是主张“不出户，知天下；不窥牖，见天道”（《道德经》第四十七章）的。

子路有闻，未之能行，唯恐有闻。（公冶长篇第五）

子路接触并获得了一些教导，但是不好操作；或者是标杆太高，他自己做不到。干脆，他不希望再听到那些不能操作、落实不了的教训了。

学习优点，也要反省缺点

以书为师固然很好，但以人为师更胜一筹；以善者为师固然很好，以不善者为反面教员尤其难得。此师彼师，世界是最大的老师，生活是最活的老师，人众是最切近的老师，以这样的态度学习，才是真正会学习、学得高妙的人啊。

三人行，必有我师焉。择其善者而从之，其不善者而改之。（述而篇第七）

三个人走在一起，其中一定有值得我师法的人物。谁有什么长处、好处，我就按他的样儿办；谁有什么不好的地方，我就对照借鉴，把自己的同类毛病改掉。

敢于承认自己的不知

太多的人强不知以为知，太多的人吹牛冒泡，粉饰自己的“无知”。装腔作势的明星，自我推销的贩子，作艰深状的食古不化或食洋不化的学者，谁敢于承认自己的不知呢？承认不知，是大信心、大光明的姿态。

香港城市大学郑培凯博士在一次讲演中说，他曾在中国台湾大学和美国耶鲁大学读书，台湾大学与耶鲁大学的教授的区别在于，台湾大学的教授无所不知，耶鲁大学的教授一上来先讲自己的不知。有趣。

由！诲女知之乎！知之为知之，不知为不知，是知也。（为政篇第二）

子路，我给你讲的你能明白吧！知道的就是知道的，不知道的就承认自己不知道，这才是真正的有知识、有智慧的人啊。

人千万不能自以为是

入乡需要随俗，随俗的前提是知俗，为了知俗当然需要问清楚。延伸一下，一个人首先要承认自己有许多不知、无知、误以为知的盲区，为了消灭盲区就要学习，不但要读书，而且要谦虚地多多提问。

反过来说，一个人不知却自以为是、自以为知，从不请教聆听学习，那当然就是一个没有教养、没有礼貌的人喽。

子入太庙，每事问。或曰：“孰谓鄹人之子知礼乎？入太庙，每事问。”子闻之，曰：“是礼也。”（八佾篇第三）

孔子进入了太庙（鲁国的祖庙），每件事都要问询。有人说：“谁说这位鄹地大夫的儿子懂得礼节呢？他来到祖庙，什么事都得问别人啊。”孔子听到后，说：“这正是礼节啊。”

与其临渊羡鱼，不如退而结网

不止一位年轻的朋友称道我：“你外语学得太好了。”我告诉他们，我开始认真学外语的时候比他们对我说这话的时候年龄更大。也就是说，他们与其夸奖我，不如自己去学。他们说：“你有基础呀。”其实基础也是学来的，在学习上，有什么好临渊羡鱼，却硬是不肯退而结网的呢?

与孔子的这一段话同理，请至少先起步，再说学得成或学不成啊。

没有比先肯定自己学不成更“不成”的啦。

力不足者，中道而废。今女画。（雍也篇第六）

如果是力量不够的问题，你应该是走到半道上停下了脚步。现在呢，你是还没有起步。

不可假不知以为知

孔子相信有生而知之的圣贤，如果他不相信就无法解释圣贤的存在或曾经存在。但是，他坚持自己是次一等的，是需要多闻多见的，然后从中选择或从中记住的。这样的次一等的自我估价，恰恰是第一等的聪明正确。

知识骗子、学问骗子、文艺骗子，假不知以为知，连蒙带唬，连扣带抡，摆虚架子，练虚拳脚，从先秦就有，就被孔子识破，至今不见减少，仍是一拨又一拨、一窝又一窝。

多闻，择其善者而从之，多见而识之，知之次也。（述而篇第七）

我是尽可能多听多知道一些有关资讯，再选择最好的来接受；多看而且记住它们，倒还是第二位的事（或，由于我的智力只是第二等罢了，我做不到生而知之）。

教育是开拓精神境界的过程

孔子认为，教育过程是一个发展精神能力、突破精神关隘、开拓精神境界的过程。奋力一搏，应该通向精神的开启；悱然苦思，通向的是豁然开朗；知道了一个角度，通向的是对于所有角度的探索和把握。

教育不仅仅是增加知识与信息，教育的要义在于提高与开拓受教育者的精神空间、精神品质、精神能力，特别是攻坚克难、举一反三、融会贯通、综合分析、比照探索的能力。

不愤不启，不悱不发。举一隅不以三隅反，则不复也。（述而篇第七）

不努力思忖，他不会得到启悟；不憋闷、不苦思，他不会有很好的表述发挥。给他讲了一个角度的道理，他不能联系到另外三个角度，就不必给他反复地讲了（要让他自己去探求体会那没有讲的三个角度的道理）。

教育没有高低贵贱

孔子对君子与小人的区分是看得很清楚的，但教育例外。这说明教育是带有理想主义色彩的。教育有可能也有必要走得比现实更靠前、更包容，也更阔大一点。

有教无类。（卫灵公篇第十五）

人人都需要且都可以接受教育，用不着给学生划分高低贵贱的类别。

师生关系贵在志同道合

孔子与他的爱徒颜回之间，并不仅仅是师生关系、主从关系、上下关系，更重要的是追求真理的关系，是认识上志同道合的关系。他们的契合一致，不是礼数上的一致，不是秩序上的一致，不仅仅是孝悌忠信、道德义务、伦理义务上的一致，更是认识上、良知良能（先验的、天生的、无条件的知识与能力）上与品性心灵上的契合和一致。

回也非助我者也，于吾言无所不说。（先进篇第十一）

颜回并不是特意为了支持我、帮助我，问题在于他对我说的话没有不心悦诚服的。

第十二章

在人生的高低曲线中诗意栖居

人生的三重境界

人的一生，始于民谣、儿歌、情歌，致力于文明、礼制、规则、法度，完成为艺术的完美无瑕、潜移默化，归结为人生的接受美学——其乐无穷、其味万千。不赖！

还可以说，最初，人生如诗，美丽多情诚挚，辗转反侧，君子好逑，何等地动人心扉；其后，人生如礼，揖让进退、颜色应对、规矩礼法、遵命照办，好不辛苦，却又井然有序、斐然成文、灿然为章、肃然起敬；最后，人生如音乐，慷慨激昂、幽雅婉约、余音绕梁、三日不绝、百味俱陈、清纯恬淡、如泣如诉、如怨如慕、若有所思、若有所忆、不着边际、热泪横流、人之言善、鸟之鸣哀、非有非无、不知所终。呜呼！

兴于《诗》，立于礼，成于乐。（泰伯篇第八）

（一个人的成长）启发于《诗》，树立于礼，完成于乐。

诗如生活，生活更要如诗

兴、观、群、怨，是诗的接受美学，也是美言，至今流传，家喻户晓。孔子说得很实在，也很亲和。兴，讲的是思维的延伸性，举一反三，触类旁通，灵动联想，诗的内容意味无穷，阅读也是参与创造。观是一种发现，从诗中看到了世界，看到了自己，看到了表象，也看到了灵魂，诗使人张开了慧眼、诗目、情眸、明觉。没有诗教的人原来是一群盲人！有了诗还有助于相互了解、增进友谊，发展社会性的互动互信。至于诗的心理排解宣泄功能，更是自古如此。

小子何莫学夫《诗》？《诗》，可以兴，可以观，可以群，可以怨。迩之事父，远之事君；多识于鸟兽草木之名。（阳货篇第十七）

孩子们，青年们，你们为什么不好好学学《诗经》呢？学习《诗经》，可以由此及彼，打开思路；可以从中观察赏析大千世界；可以找到与他人、与群体沟通的话题与语言；可以排解自己的郁闷拧巴。从近处说，学了《诗经》，你在家中孝慈友悌都会表现得更好，让你的老爹满意；远一点说，学好了《诗经》也有助于你为君王效力；至少，从诗中你还可以多知道点鸟兽草木的名称嘛。

追求艺术的人生

在《韶》乐中，孔子体会到了完美，体会到了善良，体会到了均衡、秩序与力量。《韶》乐的声音与他的全部理念、追求、人格融合为一。这又是中华文化的整体主义传统，是孔子的“吾道一以贯之”，是对一的崇拜。

这么说，《韶》乐应该是宏大完美与理性光辉型，不是向隅而泣型，不是委婉曲折型，不是谐谑游戏型，不是癫狂躁动型，甚至也不是浪漫沉迷型。在今天的器乐中，应该也就贝多芬的作品、肖斯塔柯维奇的作品沾一点边儿。其他，反正约翰·施特劳斯的不行，瞎子阿炳的也不中。

《韶》乐到底是啥样的呢？可以不梦周公，可以不梦黄粱，可以不梦情天恨海，真希望梦一梦《韶》乐呀！

子在齐闻《韶》，三月不知肉味，曰：“不图为乐之至于斯也。”（述而篇第七）

孔子在齐国听到了《韶》乐，（沉醉其中，）很长时间吃肉都尝不出味儿，说：“想不到音乐的演奏，能达到这样的极致。”

音乐丰富人生的内涵

喜爱与如此推崇音乐，孔夫子的可爱又进了一步。

师挚之始，《关雎》之乱，洋洋乎盈耳哉！（泰伯篇第八）

太师挚开始了演奏，到了《关雎》这里一片活跃，洋洋洒洒，耳朵里全是音乐喽。

人生要懂得礼节制约、自得其乐

贫者见了更贫的人可能比富者的骄不在其次，百姓中就有“奴使奴，累死奴”的谚语。而富人见更富的人其卑躬屈节、丑态百出，也是自古有之。还有一种情况，又谄又骄，如同愚而诈一样，兼有性质对立的双丑恶的人也是有的。比如，《红楼梦》中的赵姨娘、贾芸等人，甚至连地位与作用不能小觑的王熙凤，也是属于谄骄双料的贵族良种。这里有个人修为的关系，更是封建社会的阶级分野所造成的。何况，在那种阶级等级严格划分的生活里，谄与礼与敬，骄与威与重与固，谁能划分得十分清楚？谁能完全没有尴尬与屈辱？

子贡曰：“贫而无谄，富而无骄，何如？”子曰：“可也。未若贫而乐，富而好礼者也。”（学而篇第一）

子贡问：“贫贱者不（向富贵者）谄媚卑躬，富贵者不（向贫贱者）骄横威风，这样做怎么样？”孔子说：“可以的，但是仍然赶不上贫贱而自得其乐，富贵而注意礼节制约（尊重他人）的人啊。”

贤者常乐

不应该贪图富贵，而应该追求德行与真理，古今中外的主流价值观都不例外。而孔子这里，还表达了这样一个观点：贤者是乐观的，越贤就越少有失败，即使败了一回，也是虽败犹荣，也是失之东隅、收之桑榆，而且谁也不能损害他的选择与信念。贤者常乐，这可真是一个好话。那么，人调节自己的心态，使自己常常乐观地努力，便正是使自己做到贤明完美的努力！

贤哉，回也！一箪食，一瓢饮，在陋巷，人不堪其忧，回也不改其乐。（雍也篇第六）

真是贤良啊，颜回！一篮子饭，一瓢水，住在破败的巷子里，（这样的生活水准，）旁人受不了这种忧苦，颜回却完全不改变他的乐观心态。

有为的人生是乐观的基础

使自己经常具有最端正、积极、乐观、充实的心态，这当然也是做人的要义，是令人赞美与羡慕的。

乐观离不开目标、事业、有为的奋斗。有为的人生充实，这是乐以忘忧的基础。忘忧的原因不在于乐不乐，而在于充实不充实。忘忧以后不是去乐，而是去发愤忘食，发愤是为了目标、事业、作为。乐是副产品，乐又是一个对人生的阳光照耀的态度。

女奚不曰，其为人也，发愤忘食，乐以忘忧，不知老之将至云尔。（述而篇第七）

你为什么不说，他这个人啊，永远在努力奋斗，来了精神，连吃饭都不顾，陶醉在自己的事业里，只知道快乐，不知道忧愁，也不知道年岁渐长，快要衰老了，如此罢了。

在奋斗中充实人生的意义

差一篑就完成了，你却不想干了，你完全有可能硬是叫它功亏一篑、功败垂成。只倒上了一篑土，你硬是想让它完成，最后反而能够千里之行，始于足下，从坚持中得到伟大的胜利。成败利钝，全在一己。谁一事无成也不要拉客观，诸如怨环境、靠背景、盼侥幸。人与人的境遇不同、机会不等、时运有别，但个人的主观努力决定你的一生。做下去还是不做，你的选择是自由的，这至少百分之九十九是对的。

知其不可而为之，这是一种选择。伯夷、叔齐，求仁得仁，这也是一种选择，甚至是最伟大的选择。目的不在于具体的山峰是否矗立，而在于你在奋斗中对于人生意义、对于自己的自由选择的意义的满足，你其实也是树立了一座高山——你的精神与道义的高峰。

譬如为山，未成一篑，止，吾止也。譬如平地，虽覆一篑，进，吾往也。（子罕篇第九）

比如堆山，只差一筐土就堆成了，却停止了，那是自家把它停掉，从而搞不成的。比如在平地上，刚刚只倒了一筐土，如果要继续做，也就能够努力做下去了。

认识命运的规律

知命，主要是知道一些成败、盛衰、兴亡、荣辱的规律，不要去做适得其反、事倍功半、天怒人怨、自取灭亡、自取其辱的事。

不知命，无以为君子也。（尧曰篇第二十）

不知道命运的规律，没法成为一个君子。

万物万事，一切随缘

孔子说："我之所以没有说要怎么样怎么样，是因为我压根儿就没想要怎么样怎么样。"这有点老庄的意味，为什么整天要焦虑怎么样怎么样呢？为什么要陷入焦虑与盘算呢？万物万事，一切随缘，车到山前必有路，树大自然直，一切都是瓜熟蒂落、水到渠成，有什么可操心的呢？

子曰："不曰'如之何，如之何'者，吾末如之何也已矣。"（卫灵公篇第十五）

孔子说："对于一个从来不操心'怎么办，怎么办'的人，我真是拿他没有办法了。"

死生有命，富贵在天

死生与贵贱，当然不完全是命中注定，但人生中除了个人努力、社会环境的不可抗因素之外，确实有许多或然、偶然、概率、巧合的非必然因素，非必然情势，非必然后果。对于这些非必然因素，你的作为有限，你的思考分析意义也有限，为之写点小说、散文、诗歌尚可，别的不好办。明白了这一条，可以少费一点心机，少一点焦虑，也少一点痴心妄想。

死生有命，富贵在天。（颜渊篇第十二）

生与死，是有命运在那里主宰着的；富贵与贫贱，则一切取决于天意。

对待人生要放开眼界去衡量

生不逢时之叹、时运不佳的牢骚，人皆有之，孔子也未能免俗。孔子当然想不到后世他会有那么大的影响。“牢骚太盛防肠断，风物长宜放眼量”，这不但是宽慰的话，也是老实话。

子曰：“凤鸟不至，河不出图，吾已矣夫！”（子罕篇第九）

孔子说：“祥瑞的凤鸟不见踪影，黄河里也不出现神异的图像，我也再无办法与希望了。”

生活要务实，也要有理想

孔子有务实的一面，也有理想主义的一面。孔子有生之年在事功方面也不算顺遂啊。

子曰：“回也其庶乎，屡空。赐不受命，而货殖焉，亿则屡中。”（先进篇第十一）

孔子说：“颜回其实还差不多，但他常常陷于贫穷（或云颜回也想规划一番事业经济，但屡猜度、屡不中）。端木赐不向命运低头（或云不接受官方任命），自己去做生意，他的猜度安排，多次获得成功。”

人生要有定力

要了解孔子不谈什么，要点在于了解他喜欢谈什么，他喜欢谈的是做人、是正名、是秩序、是仁与礼。他谈自己知道、自己坚持、自己确信的正正经经的话题，而不谈云山雾罩、信口开河、不着边际、不负责任的话。这很正常，很负责，却也可能少了些想象与趣味。盖人的一生，总要说些没用而有启发、有魅力、有趣味的话嘛。

在今天就好比不谈荒唐段子，不谈特异功能，不谈邪教歪门，不谈占卜相面，不谈鬼神下凡。这也是一种文化定力。在当时，有所言有所不言也就很好了。从今天的观点看，对于一切荒诞无稽，也可以言，要分析它们的成因、它们的市场、它们的后果，它们可能有的歪打正着，怪力乱神也有可能从侧面或者反面给人以启发。何况还有艺术呢？艺术不排斥怪力乱神，文学也不排斥，没有怪力乱神的文艺，不是自缚手脚了吗？

子不语怪、力、乱、神。（述而篇第七）

孔子从来不谈什么奇闻怪论、气力、特殊功能、胡乱八卦、神魔迷信。

人生无常，更需要努力

有些话要说全说尽，有些话点一下即可。人生无常，更需要努力；天地无穷，岂能不敬畏有加；还有渺小伟大、暂时永恒、自然人事、感叹不尽之意，已经洋溢，已经婀娜多姿。

《论语》的魅力来自它的教化性与人生性、生活性、生命体验性的结合，来自文学性、语言性、修辞性与道德性、唯善论的结合。当你想起孔夫子在河上（是不是桥梁上、船上、大川的源头处？反正不一定解释为河边）叹息“逝者如斯夫！不舍昼夜”的时候；当你想象着那被孔子慨叹过的川江之水，终于奔流到了你的眼前的时候；当你体会了川江之水，孔子代表的中华文化之河流是如何的源远流长、奔腾不息，历经劫难，仍然不舍昼夜地流淌闪光的时候，也许你会感动得潸然泪下。

子在川上曰：“逝者如斯夫！不舍昼夜。”（子罕篇第九）

孔子在河上说：“时间就像河水一样地流逝着，不分白天与黑夜。”

为人的三个道理

第一是“先事后得”，先耕耘后收获，先服务后谈业绩，先贡献后积累，先行好事再问前程，这才叫“崇德”。这颇像后世孟子喜欢论述的“义利之辨”，也像今天人们提倡的大公无私与奉献精神。第二是自省精神，律己精神，自我批评精神，此之谓“修慝”。它说明人最大的不良往往是在于看到旁人的缺点而看不到自家的毛病。这是慝，也是惑。而且“惑”是个非理性的东西，是感情用事的表现。第三，孔子讲了“一朝之忿，忘其身，以及其亲”的不智、不明，及贻害多方的道理。

先事后得，非崇德与？攻其恶，无攻人之恶，非修慝与？一朝之忿，忘其身，以及其亲，非惑与？（颜渊篇第十二）

如果你能够做到先去做（道德要求做的一切），此后再考虑这样做会有什么利益到手，这不就是用实际行动推崇德行了吗？批评否定自己的坏思想、坏念头，而不是老想着旁人的不好，这不就是修正自己了吗？至于辨别迷惑与失误，懂得一个人因一时情绪失控，做了带来严重后果的事情，想想迷惑行为给自己带来的后果，给亲人带来的后果与影响，那不就正是（看清了）迷惑与失误吗？

万物皆备于我

山、水、仁、智、乐、寿、动、静，这些是最大也最抽象、最常用也最生动的范畴。它们是人生的范畴，也是天地自然的范畴；是主观世界的范畴，也是客观世界的范畴；是各自存在的范畴，也是似乎有什么关联的范畴。而孔子说起它们来很亲和、很在理、很简明、很顺当、很容易接受。这里把人生与天地、内与外、形象思维与逻辑思维、道德感悟与文学感觉结合了起来。你可以认为这只是随口一说，既不能证明也不能证伪。你也可以说这是一种通达天、地、人、山、水、仁、智、乐、寿、动、静等的大境界、大觉悟、大圆满、大欢喜。

我们不能不想起一个说法：万物（万象、万德、万觉、万态）皆备于我。中国读书人讲境界，无境界者永远也体会不到这种皆备于我的境界。

知者乐水，仁者乐山。知者动，仁者静。知者乐，仁者寿。（雍也篇第六）

智慧的人喜爱（活泼的）水，仁厚的人喜爱（庄重的）山。智者好动，仁者好静。智者快乐，仁者长寿。

精神境界要高远阔大

君子顾忌甚多，多有不为；小人则易于怪恶损阴、诸招齐上。君子的有所不为，往往在小人阴谋诡计的满汉全席面前难以招架。但君子的最大优势是他的坦荡荡，他的精神境界高远阔大，他可以做到对那些明枪暗箭、蚊蝇骚扰、眼药水花露水不予置理，他的精神空间是小人的百倍、千倍、万倍。小人之小，首先是境界小、格局小，鼠目寸光、抠抠搜搜、计计较较、委委曲曲、窝窝囊囊，能不丢人吗？能不在君子面前完蛋吗？

君子坦荡荡，小人长戚戚。（述而篇第七）

君子襟怀坦白宽阔，大大方方；小人则是患得患失，嘀嘀咕咕。

与人和谐相处

君子，用不着天天去拉选票，但不遭众人讨厌，还是一条底线，你总不能以招人厌恶、挨人詈骂为荣。再说，年轻时候有点少年气盛，得罪人多也就罢了，四十而不惑了，你还不懂得与人和谐相处的基本道理，连孔子对你也感到爱莫能助了。

可能与人的平均寿命日增有关，如今的人们，不会为一个讨厌的人年事很高而大惊小怪了。

年四十而见恶焉，其终也已。（阳货篇第十七）

年已四十，仍遭厌恶，这样的人也就完蛋了。

以人为本，以人为准

不以物质环境与经济发展程度判断地域层级，而以有没有值得尊敬的高层次人物在那里居住为准，这也是以人为本、以人为准，有点意思。

俺住到那儿去了，那儿就不会鄙陋，这份信心着实了得。

君子居之，何陋之有？（子罕篇第九）

君子住到了那里，它又有什么条件差可讲呢？

美好取决于人的内心

孔夫子教导的是，世间一切美好的事物情操，都离我们并不遥远，问题在于你是不是去追求、努力、行动。你希望仁爱吗？从你开始对世界仁爱些，于是仁爱就到来了。你希望美丽吗？从你开始让自己显现内外表里更美丽些，于是世界因你的美丽而美丽些了。你希望生活更光明吗？好的，请从你那里开始，多传播一点光明，少散布一些阴冷黑暗。唐棣树的花朵是那样动人，你想念它，它的美丽就与你同在，怎么可能是遥远的呢？

孔子教导我们，美好在我们每个人的心里，让我们从自身努力扩充美好、压缩丑恶吧。

“唐棣之华，偏其反而。岂不尔思？室是远而。”子曰：“未之思也，夫何远之有？”（子罕篇第九）

有诗句说：“唐棣的花朵，摇曳多姿。哪里是我不想念你呢？你离我实在是太遥远了啊。”孔子说：“你没有想念那花儿嘛，否则又有什么远的呢？”

好好说话是生活的艺术

“不学诗，无以言”，如今已是家喻户晓，说明诗中题材广泛，语言驳杂，方方面面，百科全书，比任何单科的教材都更丰富。首先，诗不是作为教材而编写的，而是生活的情感性的反映，这保证了它拥有其他教材难以比拟的信息量。其次，诗的审美价值也更高，彼时谈话有引用诗语的习惯，言而无诗典诗句，太粗鄙了。很好，文学是语言的支撑与色彩，是语言的推动力。活的语言是文学的根基与源泉。

不学《诗》，无以言。（季氏篇第十六）

不学习《诗经》，你怎么去说话（你有什么话好说）？

生活要注重仪式感

斋戒，本身就是表达一种郑重的敬意、诚意乃至终极关怀。因此对于斋戒，要提出一些具体的清规戒律，不能掉以轻心，不能马虎从事。要求得明确、具体、标准化，好实现，好衡量；但太明确、具体了，又易于表面化、烦琐化，流于过场形式。斋戒的动机应该是形而上的，斋戒的规则却又是形而下的。人啊人，可怎么好呢？

遇到庄严的场合，中华古人认为必须与女性脱离，可能出自妻妾关系的私密性、亲昵性，乃至猥亵性。庄重了就要排斥人类的私密、亲昵与猥亵的一面，有可能发展为禁欲主义，或对妇女的变态性仇视、歧视。

齐，必有明衣，布。齐必变食，居必迁坐。（乡党篇第十）

斋戒的时候，要有浴衣，布料的。斋戒的时候，要改变平常的饮食，要调换居室，不与妻妾同室。

尊重是生命的常态

“老而不死，是为贼”，也是家喻户晓的名言。这个话在流传当中形成了一个效果，生老病死是正当的常态，常态就是天命，就是天道，就是天意，人们应该习惯于这样的常态，乐于接受这样的常态。太特殊了，老而不死，反而是对常态常理的悖逆。至于孔子当年说这个话，可能只是针对个别人，也可能是孔子讲他对生死寿命的看法。

原壤夷俟。子曰：“幼而不孙弟，长而无述焉，老而不死，是为贼。”以杖叩其胫。（宪问篇第十四）

孔子的一位吊儿郎当的老相识放肆地躺着。孔子对他说：“你幼小的时候不知道谦让也不懂得爱护照顾兄弟，你长大了也没有什么好记录可说。现在老了，还不死，你真是个贼坯子。”一面说着，一面用手杖打他的小腿。

生活需要认真的态度

至少上床要睡觉了不宜多话，说多了影响睡眠的例子很常见。吃饭时不说话，现在看来，应是指嘴里咀嚼着食物时不可开言，那很不雅观。至于边吃边谈，是重要的社交活动方式。

孔子难得，干什么都认真。有没有不认真、虚与委蛇、穷凑合的时候呢？可能有，不多。那就不仅是认真了，而且是心口如一，少做违心的事。

比较起来，现代人的形式主义、走过场、心不在焉、应付差事，可能比孔子那时候多得多了，可叹。

食不语，寝不言。（乡党篇第十）

吃饭的时候，不要说话；睡觉的时候，也不要言语。

日常生活要防避低俗

不是因为从友人处得到物质的好处而拜谢，哪怕礼物非同小可。如果赠礼中包含了对于你的祖先的敬意，则事情马上隆重起来，将形而下的赠礼行为提高到形而上的敬祖先的义理与礼制的层次，性质与规格从而完全不同。这是日常生活中的自我提高，也是日常生活中的防避低俗。

朋友之馈，虽车马，非祭肉，不拜。（乡党篇第十）

朋友的馈赠，即使是车马，如果不是可做祭品用的生肉，就不必行拜叩之礼。

做人不能总是抱怨

可惜，越是平庸、小气、粗俗、无能的伙计，越是为自己的职位、财富，自己的不能彰显而牢骚满腹、怨气冲天。

不患无位，患所以立。不患莫己知，求为可知也。（里仁篇第四）

需要忧虑的不是没有职位，而是你到底靠什么（资源、能力、功业）在国家、朝廷、世上站住脚。需要忧虑的不是旁人不了解你，而是你有什么（本钱、资质、特长）能够提供给别人，需要他们来注意和理解。

积极感受，追求多彩的人生

对于儿子，孔子特别喜欢鼓励他多读诗，或谓还应该包括有关或同样内容的歌舞。这表现了孔子对于诗文（歌舞）的丰富多彩有强烈的印象。拒绝了诗，应该说就是拒绝了整个文学与歌舞的丰富多彩，也就是拒绝了生活的多彩多姿，人生不就会变得像站壁角一样地乏味了吗?

从这句话里甚至让人体会到了一种父爱。

当然，今天一个做父亲的，也许更会鼓励孩子去尝试丰富多彩的生活，生活的丰富多彩是诗文的丰富多彩的源泉。

也有另一方面的道理，语言的、诗文歌舞的丰富多彩是感情生活丰富多彩的标志。读读“双南”里的《采蘩》《采蘋》，你会感到诗是怎样地激活了你的感受能力，丰富提高了你的情商。

人而不为《周南》《召南》，其犹正墙面而立也与？（阳货篇第十七）

一个人如果不知道《周南》与《召南》，那不就与只会面对着墙壁站立一样吗?

知错就改，勇于担当

做事，针对百姓民人，搞复杂了只能让人糊涂，不可因一个掌权者的犹豫不决来制造民人的众说纷纭与莫衷一是。我们已有这样的经验。人的一生也是这样，独处的时候不怕你掂过来量过去；该做决定的时候切不可畏首畏尾、胆小怕事、左右为难，而要的是敢想敢干，勇于担当，选定了就做，知道错了就改。

中华传统文化中还有一个出自东汉时期的说法：多谋善断。历史证明，多谋绝对不是委决不下的原因，越是主意多，才越能从中做出最好的选择判断。而越是一筹莫展，越是热锅上的蚂蚁，就越没着没落。

读书做事，从政从商，选定课题，构思新篇，都有一个简与繁、周详与明快、风险与慎重的问题，能不能善自掌握，全在一心。

居敬而行简，以临其民，不亦可乎？居简而行简，无乃大简乎？（雍也篇第六）

自己独处，他恭敬谨慎；做起事来，面对百姓，处理问题，他简单明快，这能说不好吗？如果他不论是独处还是做事，都简单从事，就失之于简了。

与贤者同行将受用不尽

孔子的教诲与示范全面深刻、无所不在、无时不在，无事无时无语不令你心服口服。必须承认，人与人之间是有格局、心术、境界、学识、见地、威信、仪态、行止、言语、应对各方面的等级差的。与非同凡响的高人、大师、圣贤在一起，你的受用是说不完的，你的赞扬感动是表达不尽的。

颜渊喟然叹曰："仰之弥高，钻之弥坚。瞻之在前，忽焉在后。夫子循循然善诱人，博我以文，约我以礼，欲罢不能。既竭吾才，如有所立卓尔。虽欲从之，末由也已。"（子罕篇第九）

颜渊慨叹有加地说道："老师的人格与教导，越是仰天观看越是觉得它崇高，越是钻研掂量思考越是觉得它颠扑不破、固若金汤。有时候觉得他就在我的前边，忽然又觉得他是在后面跟随着、注视着我。（他在各个方位，从各个方面引领着我、督促着我、帮助着我、扶持着我。）老师循序渐进地、好声好气地引导着我，用文章典籍充实丰富我，用礼法秩序规范约束我。跟随他学习长进，我想休止也停不下来。我尽了全力，觉得自己学得很不错了，站得住脚跟了，想真正跟得上他，仍然觉得没有把握。"

重视积累人生的经验

第一，要学《易经》，要研究万物变化消长的法则，要关心胜负、兴亡、荣辱的规律。第二，太早了，学也白学，读也白读，没有相当的人生经验、阅历、甘苦的体悟，你读不懂《易经》，你闹不明白天命的。

孔子重视书，所以要读《易经》；孔子更重视人生经验，所以要五十岁再读。

子曰："加我数年，五十以学《易》，可以无大过矣。"（述而篇第七）

孔子说："再给我几年时间，到了五十岁的时候，我要好好学学《易经》，就能（知天命）不犯大的过错啦。"

尊重生命，善待死亡

尊重生命，当然也要妥善地料理丧事。善待死亡，意在安抚生命。

朋友死，无所归，曰："于我殡。"（乡党篇第十）

朋友死了，无人料理后事，孔子说："我来负责他的殡葬事宜吧。"

怀念过去不如珍惜现在

春秋战国时期，天下大乱，许多事物的发展变化都与孔子心仪的西周时期不一样了，孔子慨叹并且无奈。这一类的哀叹，至今也是真切的。我们可以叹息如今的老师不像老师，学生不像学生；男不像男，女不像女；工不像工，农不像农。而你看到那些大吃大喝、脑满肠肥的追逐享受的官员，你当然也会叹息如今的革命怎么不像革命、共产党员也不像共产党员啦！

但也有另一方面的情况，万物与时俱化，万物处于变动不羁之中。“江山代有才人出，各领风骚数百年。”觚不会老是一个样子，酒也不会老是一种酒，喝法又时有变化。文化的特点，一在时时积累沉淀固化，一在时时褪色淡化消失。谁不喜欢怀念童年？谁不沉醉于初恋？觚不觚了，爱情不像是当年的初恋了，童年已经是一去不返了，喝酒的人也不是当年的人了，做文学性的叹息则很自然，制订回到童年、回到初恋的行动计划则大可不必。

子曰：“觚不觚，觚哉！觚哉！”（雍也篇第六）

孔子说：“这个盛酒的觚，怎么不像个觚呀。它们是觚吗？是觚吗？”

活好了当下，就活好了一生

你可以对诸如生命的意义、起源、归宿等问题困扰万端，茫然惶惑；但是，你仍然应该珍惜你有生的每一天，好好地吃，好好地住，好好地生存，好好地待人接物。

肉虽多，不使胜食气。唯酒无量，不及乱。沽酒市脯不食。不撤姜食，不多食。（乡党篇第十）

肉虽然可以多吃，但是不能超过合理的食量。喝酒并不限量，但不能喝醉乱闹。外边买的（卫生与品质靠不住的）酒与肉干不要吃。姜等常备辅助食品，也不要用得过多。

比生命还要宝贵的是道

道是中华民族的概念神，是源头与归宿，是主导与根本，是究竟与到底，是规律与法则，是统领与概括。或谓孔子讲过，他的道就是忠恕而已，那讲不通。既然孔子说的道不过是忠恕，他就不必如此以生死的激情抒发他对大道的追求与向往了。

能够讲得通的是：神可以不是一个具体的存在，不是一个同时具有人格与具象的存在，而是终极概念，是最高概念，是无处不在、无往不有、无形无量无边无难无缺的总和。大道，有时是道德概念，有时是哲学概念，有时是神学概念。到了二十一世纪，我愿意指出这还是一个数学概念：道约等于∞，即无穷大，而无穷大的另一面则是零。在《道德经》中，道的哲学、神学、数学色彩突出；在《论语》中，道德与社会规范的色彩突出。

朝闻道，夕死可矣。（里仁篇第四）

早上听明白了大道，晚上虽死无憾。